BASTA DE EXCUSAS

GRACIELA HENDLIN

Dirección editorial: Marcela Luza
Edición: Víctor Uribe con Carolina Genovese
Coordinación de diseño: Marianela Acuña
Diseño: Leda Rensin sobre maqueta de Leonardo Solari

© 2016 Graciela Hendlin
© 2017 Vergara y Riba Editoras, S.A. de C.V.
www.vreditoras.com

México:
Dakota 274, Colonia Nápoles
C. P. 03810, Del. Benito Juárez, Ciudad de México
Tel./Fax: (5255) 5220–6620/6621 • 01800-543-4995
e-mail: editoras@vergarariba.com.mx

Argentina:
San Martín 969 piso 10 (C1004AAS) Buenos Aires
Tel./Fax: (54-11) 5352-9444 y rotativas
e-mail: editorial@vreditoras.com

Primera edición: septiembre de 2018

ISBN: 978-607-8614-05-9

Impreso en México en Litográfica Ingramex, S. A. de C. V.
Centeno 162-1, Col. Granjas Esmeralda, C. P. 09810
Delegación Iztapalapa, Ciudad de México.

BASTA DE EXCUSAS

GRACIELA HENDLIN

V&R
EDITORAS

Dedicatoria

A Marcela Luza, mi editora del alma.
A Víctor Uribe, Carolina Genovese y Margarita Guglielmini,
con quienes me dio enorme gusto trabajar.

ÍNDICE

INTRO-DUCCIÓN

"No tengo tiempo", "está difícil", "no lo merezco", "esto no es para mujeres", "los hombres no lloran", "tiene mala voluntad para conmigo", "mañana empiezo sin falta", "no me di cuenta de la hora". Quizá una o todas las frases anteriores te resulten conocidas y seguramente has empleado alguna de ellas más de una vez, pues nuestros días están poblados de excusas.

Las respuestas que damos a los demás oscilan entre verdades, semiverdades y excusas. Algunas de ellas nos permiten salir del paso con elegancia, aunque en muchos casos

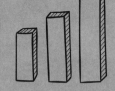

existe un pacto implícito por el cual nos damos cuenta de que hay una nota en falso, pero decidimos mirar hacia otro lado.

¿Será que las excusas nos hacen la vida más fácil? Analicemos esta posibilidad. A veces no deseamos responder a una invitación y preferimos inventar una semiverdad: "No puedo cenar contigo porque esta noche trabajo hasta muy tarde". "No puedo ir" es la parte de verdad, pero "tengo mucho trabajo" es la excusa que oculta que en realidad me aburro contigo. Esta salida evita decir en voz alta una verdad que se transformaría en una ofensa gratuita en caso de ser expresada crudamente.

En cambio, la excusa como forma de vida, la que conlleva la imperiosa necesidad de esconder lo que de verdad sentimos, como si fuera algo de vida o muerte, nos presenta un escenario totalmente distinto. Si adoptamos esta actitud, llega el momento en el que este ocultamiento termina por incorporarse a nuestra vida cotidiana como un hábito malsano que queda adherido a nuestra forma de ser y dificulta nuestro crecimiento, nos entrampa, nos amordaza y no permite que nuestra identidad se despliegue en toda su potencia. Al final, dejamos de sentirnos libres; la realidad se vuelve opaca hasta desaparecer, y es reemplazada por un convincente entramado de excusas.

El verdadero drama ocurre cuando terminamos por creer que la excusa es la verdad. Así que para no caer en este juego perverso de sustituciones, necesitamos desenredar el ovillo, y para hacerlo exploraremos los pensamientos y emociones involucrados en cada uno de estos pretextos.

Las excusas se van conformando a modo de defensas contra situaciones insoportables de la vida, sobre todo en la primera infancia, y la sociedad las ha aceptado como válidas, a costa del dolor que producen.

"Me proponen un trabajo y automáticamente digo que no puedo hacerlo, pongo la excusa de que no tengo tiempo pero en realidad no me siento capacitado para encararlo; ni siquiera dudo: simplemente lo rechazo".

"Otra vez estoy dejando que otro imponga su deseo y me haga actuar a contramano de lo que siento. Es verdad que nunca he podido contradecirlo, porque sus enojos ¡son de terror!".

"Cuando estoy por llamar a una amiga que siempre encuentra algo para criticarme, decido que urgentemente necesito salir a comprar la comida para el domingo y, ya que estoy afuera, paso por la lavandería. Lo dejo para mañana, un día más no importa. Y veo que ese día se transforma en la semana que viene o cuando tenga un momento libre, o el lunes, ¡sin falta!".

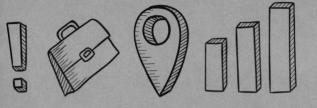

Solo a partir de un análisis concienzudo podremos desarmar cada una de las excusas, para abrirle paso a la verdad que encierran. Cada descubrimiento nos dará pistas para recuperar valores olvidados que parecen haberse perdido en el camino, pero que en realidad están disponibles para enriquecer nuestra vida y la de quienes nos rodean. ¡Solo necesitan ser rescatados!

"¡Ahora que dejé de decirle que sí a todo, he recuperado mi autoestima!".

"Si respeto a los demás, veo que me quieren y me agradecen, y eso me caldea el corazón".

"He dejado de ser ese monstruo tiránico y descubro mi talento como líder, que no necesita inspirar temor para organizar un excelente equipo de trabajo".

La propuesta del libro que tienes en tus manos es visitar algunas de las excusas más habituales que empleamos y reconocer la manera en la que las expresamos, con la finalidad de poner en evidencia cómo las utilizamos para defendernos, e identificar la justificación que parecen otorgarnos.

"Me parece que lo que dejo para mañana no lo hago nunca".

"¿Será que lo que es bueno para mí no es bueno para otra persona?".

"¿Es lógico que siempre sea víctima de las circunstancias?". El paso siguiente será descubrir lo que hay detrás de la excusa y desarmar su estructura, lo cual ejercerá una acción profundamente liberadora que nos va a permitir recuperar el valor esencial de nuestra identidad, descubrir una capacidad que no creíamos tener y revelarnos el don oculto que dará un impulso gigantesco a nuestro crecimiento interior.

"¡Ah!, ¿será que estoy repitiendo el modelo de las mujeres de la familia, siempre complacientes...?".

"¡Cómo no me había dado cuenta de que, porque tantas veces me dijeron que no iba a parar hasta conseguir el premio Nobel, cuando hago un buen trabajo, todos lo alaban pero yo lo califico de mediocre!".

"¡Me siento tan culpable por no poder ayudar a esa persona! Me desvivo por solucionarle sus problemas, pero no lo logro. ¿Tendrá algo que ver con mi historia de hacerme cargo de mi padre alcohólico?".

El comprender estos mecanismos nos permitirá ampliar nuestra manera de vincularnos con los demás, de modo que nuestras relaciones sean más auténticas, más libres, más gozosas.

Para que tu trabajo sea más intenso, comprometido y, sobre todo, para que puedas plasmarlo en acciones cotidianas, concretas y palpables, te sugerimos que tengas a

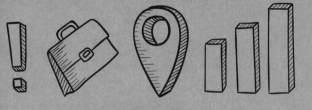

mano una libreta o un cuaderno en donde puedas volcar tus descubrimientos, tus dudas y tus logros. Para ello, en cada capítulo, encontrarás una guía de preguntas y sugerencias para aprovechar al máximo el material de trabajo, incorporando a tu manera de pensar, a tus emociones y vivencias todo aquello que te resulte útil.

Podrás verificar cómo vas cambiando día a día y te asombrarás cuando aparezcan en ti recursos que desconocías. Más importante aún, al darte cuenta de tus posibilidades y de tus límites irás explorando tu particular, individual y específica modalidad de cambio, que será la que, en definitiva, guíe tu transformación.

Y, por último, verás que cada capítulo se abre con el relato de una experiencia completa que resume en su desarrollo los pasos para pasar de la supuesta necesidad de la excusa a la prescindencia de ella. Te sugerimos leerla al principio y luego releerla al final de la elaboración. Es nuestro deseo que actúe como un paso inspirador para tu crecimiento.

En síntesis, al final de este camino buscamos que puedas transformar el ¡basta de excusas! por un resonante ¡ya no necesito excusas!

Capítulo **1**

CUANDO EL TIEMPO NO ALCANZA

✖ El día debería **tener 48 horas**

✖ ¡El tiempo **es un tirano**!

✖ Tienes **otros tiempos**

✖ Tengo los minutos **contados**

✖ El tiempo **es dinero**

LO QUE DIGO Y LO QUE ME DIGO:
"NO TENGO TIEMPO"

Aída vive con su marido y sus tres hijos en una casa que han comprado luego de mucho esfuerzo y diversas vicisitudes laborales. Ambos siguen trabajando con ahínco para lograr el estilo de vida que han elegido, que incluye colegios privados, medicina prepaga, vacaciones de invierno y de verano en destinos nacionales y, ¿por qué no? internacionales; agitada vida social, con salidas al cine y al teatro, apoyo escolar para los niños, con educación musical y plástica, y actividades deportivas.

Cada mañana, Aída abre los ojos y en un instante, comienzan a desfilar sus actividades cotidianas con ritmo febril. Pero no solo las del día en cuestión. La asalta la agenda entera, con las tareas de la semana, incluyendo los fantasmas de su próximo fin de semana en el que tendrá que superponer dos compromisos ineludibles. Una vez más se sorprende deseando poder repartirse en dos, o en tres, o cuatro…

Mientras sirve el desayuno intenta responder alguno de los setenta y ocho mensajes que encuentra en su celular, y espera que le confirmen la dirección del cliente que deberá visitar una hora después. Intenta recordar si compró los cereales para su hija vegana y se atormenta pensando que no llegará a tiempo a la consulta del odontólogo, para la cual tiene que pasar a buscar a su hijo menor a la hora exacta de salida de la escuela. Se da cuenta de que tiene que posponer por tercera vez la visita a su padre, y se compromete a ir ¡sin falta! al día siguiente. No termina de decirlo cuando advierte que el horario pensado ya está tomado por un trámite bancario ¡impostergable!

-¡Me voy a volver loca! – se desespera.

-¡El tiempo no me alcanza para nada! – dice, reclamándole a su marido su falta de colaboración.

-¡Tengo que llegar antes de que cierre! – protesta, pretendiendo que el horario se extienda una hora más.

Siente que el mundo está en su contra, que la realidad es su enemiga. Anhela paz y tranquilidad. Sabemos que no las tendrá hasta el momento en el que renuncie a esa voracidad que quiere engullirse todo lo que la rodea, en sus propios términos: "¡Quiero todo, ya!".

A Aída se le presenta, como es habitual, un día lleno de actividades. Pero esta vez está dispuesta a intentar la transformación. Cuando aparece el viejo mecanismo de querer hacer todo al mismo tiempo, decide "poner pausa" y comienza la saludable tarea de "separar la paja del trigo".

"El trigo" es aquello que debe pensar, decir o hacer en primer lugar, es lo prioritario. Cuando logra diferenciar "eso", que tiene que suceder antes que todo lo demás, siente un gran alivio anticipado. Le ha hecho lugar a lo importante. Cumplirlo le dará la satisfacción que necesita para seguir adelante.

El segundo paso será descartar lo que puede quedar para el día, la semana o el mes siguiente. Supera así la ansiedad que la llevaba a destinar toda su energía en algún tema secundario.

El resultado de esa decisión es que se provee de espacio libre y tiempo disponible. Y, sobre todo, experimenta la rotunda vivencia de haberse sacado un enorme peso de encima.

Aída sigue armando el rompecabezas. Con la experiencia, costosa al principio, de medir y medirse, aprenderá a calcular con relativa precisión el tiempo que lleva materializar cada idea o cada proyecto y hasta disfrutará de prever un margen para que cada tarea se cumpla sin angustia.

Se amigará con su agenda diaria, tildando cada compromiso cumplido y recordando trasladar al día o a la semana siguiente aquello que no haya podido realizar el mismo día que lo planificara, aprendiendo así a distinguir la previsión de la exigencia de que lo previsto se cumpla a rajatabla. Aída reconoce que, de ahora en más, la nueva ecuación que la beneficiará será "límite con flexibilidad".

De la mano de la previsión y sin perder ni un ápice de impulso vital ni de entusiasmo, su vida ha recobrado la paz y la tranquilidad tan anheladas.

¿Cuántas veces hemos escuchado o dicho la frase clásica "No tengo tiempo", absolutamente convencidos? Y para darle aún más énfasis, agregamos: "¡El tiempo es un tirano!".

Con este reclamo airado al universo, descargamos el enojo y dejamos que se diluya la culpa por lo que no hemos hecho: no haber llegado a tiempo, olvidar algo importante, dejar asuntos a medias, confundirnos, quedarnos sin aliento de tanto correr. Pareciera que todas estas actitudes surgen como una consecuencia inevitable de la arbitrariedad de las leyes cósmicas.

Y luego sostenemos con total convicción: "El día debería tener 48 horas".

Lo más lamentable es que nos lo creemos y cerramos la puerta a las modificaciones que podemos hacer en nosotros, ya que, salvo en una película de ciencia ficción, no podremos cambiar o sustituir el orden universal.

Perdidos en el tiempo

Como yo no me puedo repartir en varias personas más, el que tiene que ser flexible es el tiempo pero, como resulta obvio, este codiciado deseo no resiste el más mínimo argumento lógico.

Para empezar, nos cuesta reconocer que en la existencia del ser humano y de todo lo que nos rodea, están implicadas las dimensiones del tiempo y del espacio. Por otro lado, es cierto que nuestra percepción del tiempo puede cambiar de persona a persona y de situación en situación. Si estamos aburridos, nos parecerá que este avanza en **cámara lenta**. Pero una tarea emprendida con entusiasmo nos hará preguntarnos con genuino asombro: "Pero cómo, ¿ya pasaron tres horas?".

Algo similar ocurre con la dimensión espacial. La angustia nos "angosta" la percepción, se nos cierra la garganta, el horizonte se aleja, la realidad se oscurece, nos sentimos atrapados. El miedo y la culpa nos provocan una cerrazón. Por el contrario, la alegría, el placer y el bienestar nos ensanchan el horizonte.

Ahora bien, no olvidemos que estamos hablando de vivencias y sensaciones. Pero fuera del territorio de la psique y de la mente, el día (sea tedioso, alegre, sombrío, inolvidable, maravilloso o catastrófico) siempre tiene 24 horas. Ni una más ni una menos.

Así que si pretendemos estirar el tiempo o ensancharnos en el espacio, nuestro fracaso será estrepitoso. Mientras el cosmos se ríe a carcajadas, nosotros solo conseguiremos un estrés agudo o crónico, en especial si somos tan necios como para insistir en tratar de encajar más piezas que las que admite el rompecabezas.

La lógica indica que más que estirar, debemos aprender a limitarnos. En esto último encontramos una llave mágica: el difícil arte de poner límites, que es una lección fundamental para la especie humana. Poner y ponerse límites es uno de los requisitos esenciales para alcanzar el equilibrio, el orden y, con ellos, la satisfacción y el bienestar.

Ocurre lo opuesto con el desequilibrio físico, que genera enfermedad; el emocional produce conflictos que, más de una vez, culminan en tragedias; y el espiritual es fuente de fanatismos destructivos. En el mismo sentido, el desorden provoca inquietud, ansiedad e inseguridad.

Cuando nos quejamos amargamente de "no tener tiempo", carecemos de equilibrio y de orden. Si deseamos que estén presentes en nuestra vida, debemos seguir algunos pasos imprescindibles.

El desorden provoca **inquietud, ansiedad e inseguridad.**

Quiero todo ya

El primer paso es darnos cuenta de que siempre queremos hacer más de lo que podemos. De ahí que no somos eficientes, que quedan trabajos inconclusos, que siempre falta algo. En realidad, más que faltar, sobra: sobran deseos, actividades, determinaciones. Ya lo dice el proverbio: "el que mucho abarca, poco aprieta".

Así que necesitamos trabajar con esa tendencia a creernos omnipotentes y a pensar que tenemos que hacer todo perfecto y que "nadie puede hacer las cosas como yo". Estas ideas generan una serie de malentendidos, entre ellos, suponer que todo lo que hacemos es importante, fundamental e imprescindible, y que debe hacerse ahora, sin perder un solo instante.

El ritmo de vida nos impone no perder un minuto: eso se traduce, por ejemplo, en cocinar con el celular apoyado precariamente entre el hombro y la oreja, chatear con un grupo de compañeros del secundario que expresan opiniones distintas sobre el tema del día y, por supuesto, contestarle a todos, mientras sacudimos a un hijo adolescente para que salga de la cama, se vista y vaya a la escuela. Queremos aprovechar el tiempo y perdemos energía… y tiempo.

La paciencia es un bien escaso: frente al semáforo que no cambia o esperando que llegue

Siempre queremos hacer más de **lo que podemos.**

el ascensor; en la cola del banco o refrenando la ansiedad mientras aguardamos que el mozo nos traiga la comida, intentamos infructuosamente "empujar" el tiempo. El resultado no deseado es que en nuestra vida individual crecen la irritación y el malhumor, mientras en lo colectivo, tiñen la atmósfera social. Crece y se multiplica la intolerancia y aumenta en proporción geométrica la violencia. ¿Cómo y por dónde empezar a revertir esa situación?

Analicemos el problema y veamos cómo desenredar el ovillo que enreda nuestra vida desde el principio del día.

Si partimos de la premisa de que tenemos que hacer cinco tareas en la mañana y pensamos que todas son urgentes e impostergables, el tiempo, inevitablemente, no nos va a alcanzar. Peor aún, llegamos tarde a las reuniones pactadas la semana anterior, en el último momento encimamos entrevistas, no podemos comprar el cuaderno que necesita nuestro hijo para ir a la escuela y nos paralizamos ante la tarea que debemos realizar en ese instante, pues no sabemos por dónde empezar.

Si nuestra vida se convierte en un caos, si se tensan las relaciones familiares y cunde el nerviosismo y la intolerancia, si no podemos salir de la confusión, ¿cuál será, entonces, el aprendizaje por excelencia?

Desarmando la excusa: la ilusión de omnipotencia

Es necesario aprender a ponerse límites y a usar el discernimiento para establecer prioridades. Si nos lo proponemos, todos somos capaces de poner prioridades, es decir, de distinguir entre varias tareas cuál debemos hacer primero, cuál seguiría y la que podría quedar para más tarde, sin que hubiera algún perjuicio.

Abandonar la exigencia de hacerlo todo y estar dispuestos a limitarse a "lo mejor posible", implica **renunciar** a lo que, a todas luces, está fuera de nuestro alcance. "todo", "ya", "perfecto" y "siempre" son exigencias sobrehumanas.

El ideal del superhombre tiñe la vida de frustraciones. El mito de Atlas que sostiene sobre sus hombros el peso del mundo ha calado hondo en el inconsciente del ser humano, generando obsesiones que tienen que ver con la necesidad de un control absoluto, a prueba de imperfecciones y errores. Imaginémonos a Atlas diciendo "no puedo sostener el mundo" y dejándolo caer: el planeta se haría añicos mientras se extingue toda presencia de vida en su superficie.

El gran malentendido es que si escuchamos la voz de la omnipotencia y la obedecemos, estamos seguros de que si no ejercemos un control férreo sobre nuestros objetivos, efectivamente provocaremos una catástrofe. Y seguimos adelante, esforzándonos hasta la inmolación.

Pero cuando creemos haber logrado lo imposible, suele pasar inadvertido el costo enorme que tuvimos que pagar para sostener esa ilusión: el agotamiento es la menor de las consecuencias; es más habitual que nos alcance alguna enfermedad.

Sería una buena idea adaptar otro proverbio tradicional a fin de humanizar la sentencia: "no dejes para mañana lo que puedas hacer hoy", a la cual tendríamos que complementarla con "pero deja para mañana lo que no puedes hacer hoy".

Si consideramos todo lo anterior, ya no sería necesario excusarnos con el "no tengo tiempo". Cada momento de la vida gozará del tiempo que le corresponde, mientras disfrutamos de nuestro bien ganado día de 24 horas.

Todos somos capaces **de poner prioridades.**

EL VALOR DE LO POSIBLE

En el transcurso del día o al final de la jornada te invito a buscar un lugar donde encuentres un silencio inspirador, para reflexionar sobre lo que has leído, siguiendo algunas propuestas que te ayuden a ordenar y guiar tu transformación.

Lo que vayas registrando en tu libreta o cuaderno te servirá en ese momento y, pasado un tiempo, al releerlo podrás **verificar** tus avances en el terreno de tu autoconocimiento.

1. IDENTIFICA TUS PENSAMIENTOS

- ¿Qué impacto te produjo la historia de Aída? ¿Te resultó indiferente? ¿Te identificaste con algunos rasgos o sientes que bien podría ser tu propia historia? Tomando como base el relato para aplicarlo a tus propias circunstancias, ¿puedes distinguir en qué parte del proceso te encuentras?

- ¿Crees que necesitas hacer todo, siempre? ¿Por qué?

- ¿Tienes dificultad para ponerte límites? ¿Puedes identificar a qué?

2. ELIGE TUS PALABRAS

- ¿Cómo le explicas a tu parte omnipotente la necesidad de bajar esa exigencia? ¿Qué argumentos usarías? Descríbelos.

- ¿Puedes detectar una tarea prioritaria para el día siguiente? Escríbela para no olvidarte.

3. PRACTICA TUS ACCIONES

Toma la propuesta del día anterior y trata de llevarla a la práctica.

- ¿Comienzas haciendo un intento?

- Si el intento fracasa, ¿sigues intentando? (Por ejemplo, al día siguiente).

- ¿Valoras el intento por sí mismo o reconoces tus "pequeños" éxitos?

En esta y en las siguientes tareas te darás cuenta de que los primeros intentos de acción en la práctica promoverán una nueva manera de pensar, una nueva palabra y una nueva acción, que se sumará a las siguientes, produciendo el resultado tan esperado.

NO NECESITO LA EXCUSA

Cultivemos nuevos hábitos, como destacar cada día la labor más importante o urgente. Por ejemplo, si nos proponemos ordenar el clóset, ¡cuidado! Hagámoslo un estante a la vez, o a lo sumo dos. No hay nada más desalentador que arrinconarnos en el "todo o nada".

Analicemos esta tarea de organizar valiéndonos de la aritmética. Supongamos que solo hay media hora disponible. Si optamos por el "todo o nada", será mejor no comenzar la tarea, porque ni por asomo podremos concluirla. El resultado **dará cero**, nada. Si, por el contrario, en media hora intentamos ordenar uno o dos estantes, será más probable conseguirlo. ¿Cuánto da la suma? Dos estantes. Dos es más que cero; "algo" es mejor que "nada". Y tres, cuatro o cinco "algos" a la postre dan el total de lo que deseábamos conseguir. Lógica implacable, ¿verdad? Y siguiendo en esta misma línea, si nuestra opción es todo o (y subrayamos el "o") nada estamos queriendo decir, por ejemplo que en la ecuación "100 o 99", 99 es nada, ya que el "o" excluye todo lo que no sea 100.

¡Resulta estremecedor pensar que si hago el 99% de una tarea no estoy haciendo nada! Sin embargo, al plantearse la disyunción "o", lo estoy afirmando y nuestra psiquis lo cree sin discutir.

¿Qué necesitamos hacer para salir de esa trampa? Simplemente, renunciar a la adrenalina del "todo" y del "ya", como si fuera una cuestión de vida o muerte y, especialmente, abandonar el placer engañoso que da el sentimiento de omnipotencia. Ese placer es como una borrachera. En pleno éxtasis parece que todo lo imposible se hace realidad. Pero sabemos del sabor amargo y la **desilusión** de la resaca del día siguiente. Lo mismo pasa con esa sensación de haber llegado a la cima para verificar que estamos más abajo que cuando partimos.

Si reencauzamos esos impulsos extremos, nuestra vida obtendrá la plenitud largamente añorada, y esto será posible ¡por haber hecho ni más ni menos que lo posible!

Capítulo 2

EL TEMOR AL CAMBIO

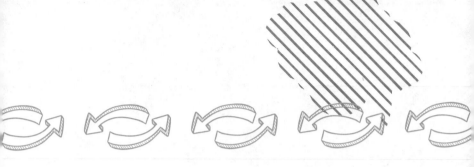

- ✖ Tómame **o déjame**
- ✖ A esta edad ya **no cambiaré**
- ✖ Tú me **conociste así**
- ✖ Las cosas **son como son**
- ✖ Esta es **mi personalidad**

LO QUE DIGO Y LO QUE ME DIGO CUANDO ME CUESTIONAN ALGÚN RASGO NEGATIVO: "YO SOY ASÍ"

Baltazar ha dejado dos mensajes en el celular de su ¿novia? ¿Pareja? ¿La última mujer que conoció? Esa indeterminación para darle un lugar en su vida revela el **carácter precario** de sus últimas relaciones, no solo de pareja, sino también con amigos, alumnos, compañeros.

Los mensajes han quedado sin responder. A Baltazar le queman las dos tildes que muestran que los mensaje no solo han llegado a destino, sino que ha sido leídos y no contestados.

Baltazar enviará un tercer y último mensaje, la única concesión que le permite su orgullo. Muy a su pesar, tratará de superar el bochorno y seguirá adelante con su vida, sin hacerse ningún cuestionamiento.

Baltazar es profesor en la universidad y tiene fama de ser dictatorial y caprichoso, según la opinión de sus alumnos. Suele, muy a menudo, expresar su punto de vista con una convicción que raya en la soberbia. Cuando discute, lo hace casi exclusivamente por el placer de tener razón. Si alguno de sus colegas le señala sus rasgos autoritarios, aunque solo sea soslayando el tema, su respuesta, entre solemne y burlona será "Y bueno, ¡yo soy así!". Con esa frase da por concluido el "intercambio" de opiniones.

Su última conquista amorosa (la persona que no está contestando sus mensajes), ha pasado de la fascinación por ese hombre

—¡tan seguro de sí mismo, tan categórico, tan distinto a ella, que vacila antes de dar cualquier opinión!— al desencanto, al darse cuenta de que no recibe ni una mirada de interés genuino, menos aún alguna palabra de reconocimiento o aprobación. En esa toma de conciencia, a diferencia de lo que le pasaba en relaciones anteriores, ella decide tomar distancia de él, sin revuelo, en una silenciosa pasividad. Se vuelve inaccesible y desaparece.

Baltazar experimenta por primera vez y, como inaugurando la nueva era de su transformación, que lo han hecho desaparecer a él. Comienza, a darse cuenta de que lo que le cierra puertas es el "yo soy así". Esta expresión se ha convertido en su muletilla y provoca en los que están a su alrededor respuestas crecientes de rechazo y huída.

Hace tiempo que su familia está en guardia y lo evita. La admiración inicial se va polarizando hacia la desconfianza. La soledad comienza a dolerle.

Ese mismo dolor es el que permitirá abrir una pequeña brecha por la que apunta tímidamente una pregunta: ¿podré hacer algo para cambiar? Y si fuera posible, ¿qué es lo que tengo que hacer? Algunas voces internas surgen rápidamente para dar las viejas respuestas: "¡Te sientes tan sólido cuando no cuestionas lo que eres…! ¿No tienes miedo de perder esa seguridad que te da poder?"

La reunión familiar de ese domingo resulta providencial, por el mensaje que trae: en medio de una fragorosa discusión, su hermana apunta amargamente "te escucho y me parece estar viendo a papá resucitado". Baltazar siente que tiene una revelación. Atina a preguntarse: "¿Este soy yo o es papá que ha fijado residencia dentro de mí? Si su modelo prepotente y sabelotodo, que tanto me irritaba, se ha instalado en mí como un usurpador, es momento de tramitar su desalojo". Esa identificación con su padre ha generado una identidad falsa que le hace decir y hacer cosas que no quiere. Siente que está dispuesto a renunciar al sabor agridulce del poder, que ahora se ha tornado irremediablemente amargo.

Se propone intentar un cambio en su lugar de trabajo. Comenzará tibiamente a escuchar a sus alumnos y, si bien al principio le costará incorporar un pensamiento distinto al suyo, irá aprendiendo a discernir cuándo el alumno está cometiendo una equivocación (y su tarea es la de corregirlo), y cuándo le está acercando otro ángulo del tema que están tratando, que no hace más que enriquecer y complementar su propia visión. Será capaz, entonces, de reconocer cuánto suma el placer de ampliar su comprensión junto con el goce del afecto y el agradecimiento de quienes reciben sus enseñanzas.

Cada tanto se descubrirá encarnando nuevamente al "maestro ciruela" y, para no traicionar sus esfuerzos, elegirá tragarse su orgullo y reconocer el error. Habrá conseguido cambiar lo que parecía imposible y abrir las posibilidades para seguir transformándose en lo mejor de sí.

"Soy **temperamental**, pierdo los estribos fácilmente" o "Soy extremadamente celoso... o posesiva... o indeciso...".

Mencionamos estos y otra infinidad de rasgos como si fueran un documento de identidad. Cuando los expresamos, lo hacemos de una manera muy reconocible, con un tono de voz típico que demuestra, con una convicción férrea, que esa manera de ser es "inevitable". En el fondo, con esta presentación radical, lo que se insinúa o declara es un "tómame o déjame".

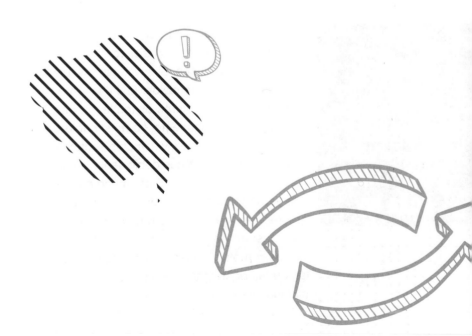

No hay posibilidad de cambiar

Decir "yo soy así" parece ser la reina de las excusas. Este pretexto en particular tiene la engañosa capacidad de autojustificarse. No necesita escenarios ni motivaciones externas, se presenta como un hecho ineludible, como aquello que se dice de una vez y para siempre. Como si se tratara del destino o del *karma*, o quizá sea un sello, una etiqueta o una fatalidad que algo o alguien ha dispuesto. El caso es que esta excusa deja decretada, sellada y lacrada nuestra forma de ser.

Parecería que con esta falsa identidad, implacablemente instalada, nos sentimos más allá de la ley. Si soy violento, "porque yo soy así", me creo habilitado para ejercer esa violencia sin restricciones. Si soy irresponsable y encuentro divertido olvidar una cita y presentarme al día siguiente esgrimiendo una cara de sorpresa inocente, como si hubiera sido solo una travesura y el mohín seductor minimizara el fastidio que debió sentir la otra persona cuando postergó otros compromisos para acudir a la cita, digo: "Pero, ¿qué quieres, no me conoces todavía?, yo soy así". Si sufro de indecisión crónica, porque "así es como soy", no tengo prurito en vacilar, dudar, postergar y dar mi última palabra cuando ya es demasiado tarde.

Con esta falsa identidad, implacablemente instalada, nos sentimos **más allá de la ley.**

De todas maneras, cuento con dos recursos que terminan por encerrarme en el mundo de las justificaciones: uno es el arrepentimiento hipócrita, que incluye el pedido, no siempre honesto, de disculpas, que suele tomar la forma de "discúlpame, pero…".

El otro recurso tramposo es el del autorreproche y la victimización. Este se caracteriza por el tono dramático en el que profiero un "¡¡Qué hice!!", donde el "qué" no está mostrando un auténtico deseo de saber, ya que no es realmente una pregunta, porque carece del signo de interrogación, sino que toma la forma de una crítica implacable que, lejos de pasar por la comprensión, se encarniza juzgando, condenando y regodeándose en la autotortura.

El eje del poder

Para que esta excusa y la justificación correspondiente puedan ejercerse con impunidad, debemos considerar un elemento esencial que estructura las relaciones humanas: la dupla poder-sometimiento.

Hay que advertir que en este "tómame o déjame" se cuela un mensaje ominoso de la supuesta parte más fuerte a la más débil. Se trata de una amenaza de abandono, o un "si no haces lo que yo quiero, me pierdes", que llega a convertirse en un simple juego de poder.

Si uno de los miembros de la relación cree en la supuesta superioridad del otro, termina por proyectar en él la imagen de un ser todopoderoso al que debe aceptar sin objeciones. A la larga, esto traerá consigo una carga de conflictos, disgustos, contrariedades, culpas, miedos y angustias.

El integrante "débil" siente un hondo temor a que lo desprecie o abandone ese ser irreemplazable, así que comienza a someterse. El "poderoso", entonces, redoblará la apuesta y se comportará como una persona sin control. De esta manera se pone en marcha un horrendo círculo vicioso. El autoritarismo y la violencia para imponerse son muy fáciles de reconocer.

El tema del poder mal entendido es el de un monstruo con muchas cabezas y, entre ellas, variantes que a veces no se detectan a simple vista. Por ejemplo: una persona puede mostrarse débil, necesitada, vulnerable, como ciertos "enfermos crónicos" que exageran su condición para poder manipular a diestra y siniestra a los que se cruzan en su camino. En lugar del grito, la herramienta es el quejido plañidero. Su argumento intenta borrar la concepción de enfermedad como reflejo de conflictos psíquicos, emocionales, vivenciales, que resultan en somatizaciones y, negando esa mirada, se expresan como "no estoy enfermo/a, ¡soy enfermo/a!". Parecería ser que esta supuesta identidad proveyera una coartada para los abusos que se realizan en nombre de ella.

Sin embargo, debemos diferenciar este caso de mal uso del poder, hecho por alguien que se disfraza de víctima, de las víctimas reales. Los abusados, los sometidos, los despreciados son la contracara del personaje dominante.

Dejaremos para el capítulo siguiente el análisis exhaustivo de esa otra cara de la moneda, la de la verdadera víctima, para enfocarnos en la comprensión de la parte "poderosa" que es más fácilmente reconocible.

Desarmando la excusa: lo que pierdo por creerme superior

Cuando la vida se torna insoportablemente dolorosa, puede aparecer con claridad la idea de que el cambio es posible. "Yo soy así pero, si lo deseo, puedo cambiar".

El primer paso será cuestionarnos la validez de las experiencias que otorga el poder y, sobre todo, sus "beneficios secundarios", como creernos infalibles, estar más allá de la ley o pensar que estamos autorizados para manejar a los demás a nuestro antojo. La ilusión de omnipotencia es un hueso duro de roer; es como una droga, irresistible y adictiva. Para renunciar a ella, quien la consume debe experimentar profundas frustraciones, hasta llegar a la inequívoca sensación de haber tocado

El cambio emergerá como la **suma de cada experiencia** modificada, con lo cual nos acercaremos a nuestra verdadera personalidad.

Es inconcebible pensar que un niño o una niña puedan situarse frente a las acciones de sus padres y comprender sus **motivaciones inconscientes.**

fondo. O bien, puede cambiar de rumbo a partir de la culpa o de la dolorosa comprobación de que perdió todo lazo amoroso.

Cuando descubrimos que el éxtasis y la borrachera que nos hacen sentir superiores a todo y a todos tienen un costo extremadamente alto, podremos darnos cuenta de que en realidad anhelamos recibir amor, pero a cambio obtenemos miedo y sometimiento. A la larga, lo único que recibimos a manos llenas, aunque en silencio, es odio.

Si hacemos un balance honesto de nuestra vida, nos armamos de coraje, resistimos la tentación y buscamos renunciar a ese falso poder, entonces comienza un camino de descubrimientos. Reconoceremos, por ejemplo, que nuestra actitud rígida quizá nos sirvió en un tiempo lejano para defender nuestras ideas y sentimientos, frente a posturas familiares demasiado críticas e intolerantes. O tal vez comprenderemos que la imagen que proyectábamos pretendía suscitar el orgullo –desmedido– en nuestros padres, que ambicionaban para nosotros la grandeza y el éxito que no pudieron lograr por ellos mismos.

Una vez que nos damos cuenta de lo anterior, el paso siguiente es ensayar nuevas conductas para transformar la vieja modalidad en una nueva manera de relacionarnos. Sin duda, tendremos que realizar un esfuerzo para cambiar, pero cada vez será menor, conforme practiquemos las nuevas pautas de comportamiento.

Podemos, por ejemplo, tratar de renunciar a tener siempre la razón y aceptar la opinión del otro, o cultivar una mayor tolerancia a la frustración, y escuchar y respetar más a los demás. El cambio emergerá como la suma de cada experiencia modificada, con lo cual nos acercaremos a nuestra verdadera personalidad.

Si reconocemos la violencia y la intolerancia como moneda corriente en nuestro núcleo familiar, comprenderemos la sensación de impotencia frente a una autoridad tiránica, cuya ambición de poder es similar al modelo temido y admirado que pudo habitar en nuestro pasado. El hecho es que posiblemente terminamos identificándonos con quienes nos juzgaban, criticaban y agredían.

Es importante reconocer, entonces, que las voces internas que juzgan con intransigencia nuestras acciones pertenecen a experiencias pasadas, en las cuales no había más alternativa que creer a pie juntillas que esos juicios eran verdaderos. Es inconcebible pensar que un niño o una niña puedan situarse frente a las acciones de sus padres y comprender sus motivaciones inconscientes, y menos aún entender que esas ideas erróneas repetían, a su vez, malentendidos o errores cometidos con ellos.

Por mucho tiempo hemos creído que esas voces, ahora internalizadas, nos dicen la verdad. Pues bien, es hora de desmentirlas. Cada vez que cuestionamos esas supuestas verdades, se debilita su acción en nosotros.

ME TRANSFORMO EN LO MEJOR DE MÍ

Libreta en mano, tal vez en un espacio distinto al anterior (una cafetería, un jardín, una plaza) o el mismo de tu casa, si te has sentido a gusto, prepárate para reflexionar acerca de este capítulo. Relee la historia de Baltazar buscando los puntos de **identificación**, y recordando que este es un relato que describe uno de los polos de una estructura, mientras que el capítulo siguiente explora el polo complementario, en el que hablaremos de la baja autoestima.

De todas maneras, comprender lo que aquí exponemos te puede ayudar a entender a la otra parte, para analizar ambos aspectos.

1. IDENTIFICA TUS PENSAMIENTOS

- ¿Cómo te ha impactado el relato que presentamos en este capítulo? ¿Crees que tiene algo para mostrarte? Si es así, ¿qué es lo que más te llamó la atención?

- ¿Te sientes poderoso/a cuando dices "yo soy así"? ¿Detectas alguna imagen?

- ¿Crees que necesitas sentirte superior? ¿Estarás tratando de compensar alguna carencia? ¿Cuál te parece que sería?

- ¿Qué pasa cuando te das cuenta de que no tienes razón? ¿Aparece tu orgullo? ¿Lo ocultas? ¿Sigues sosteniendo tus argumentos?

2. ELIGE TUS PALABRAS

- Intenta escribir un pedido de disculpas, sin la obligación de tener que hacerlo en la realidad, sino como un experimento para averiguar lo que sientes.

- ¿Qué te dirías para bajar tu orgullo?

- ¿Te animarías a premiarte si logras realizar una acción que te cuesta? ¿Puedes comprometerte a cumplir y disfrutar de haberlo ganado?

3. PRACTICA TUS ACCIONES

- ¿Cuál de las opciones sugeridas en este capítulo te resultan viables para empezar tu trabajo de campo?: ¿Renunciar por una vez a tener razón? ¿Tener más templanza para tolerar una frustración? ¿Escuchar más a los otros? ¿Tener una actitud más humilde? ¿Pedir disculpas?

- Si no es ninguna de las anteriores, ¿cómo te parece que podrías dar el siguiente paso? Cuando lo descubras, intenta llevarlo a la práctica.

¡Recuerda que el primer intento vale doble!

NO NECESITO LA EXCUSA

La excusa del "yo soy así" deja de sernos útil cuando descubrimos que ese "así" es solo una versión fallida de nuestra identidad y que no hace honor a lo que realmente somos. Se trata de una personalidad forjada en un pasado remoto y que es necesario actualizar. Con inteligencia, voluntad y comprensión amorosa, estaremos en condiciones de elegir darle voz a nuestros verdaderos valores.

Cuando las voces históricas nos digan, por ejemplo, "Tienes la obligación de ganar, porque perder no es una opción. Si pierdes, serás castigado", la nueva voz, embajadora de una conciencia más lúcida, corregirá el error y nos recordará que el ser humano suele aprender más de los fracasos que de los triunfos.

Cuando escuchemos "no voy a dar el brazo a torcer", nos podremos preguntar quién habrá sido el que forjó ese dicho, ya que equipara la humildad y el talento para hacer acuerdos propios de quien cede, con algo que lo puede lastimar, cuando, en realidad, es todo lo contrario, ya que se intenta "enderezar" una autoestima que se ha hipertrofiado.

Por otro lado, la práctica nos habilitará para elegir con libertad **quiénes queremos ser** y qué valores deseamos representar. El "yo soy así" se irá transformando en "yo soy lo mejor de mí a cada paso".

Capítulo 3

LA AUTOESTIMA EN BAJA

◄◄◄◄

 ✖ No tengo **cabeza**

 ✖ No sé **hacerlo bien**

 ✖ Soy **inútil** para esto

✖ Soy **incapaz**

✖ No es **para mí**

LO QUE DIGO Y LO QUE ME DIGO ANTE SITUACIONES QUE NO PUEDO RESOLVER Y TEMO LAS CONSECUENCIAS:
"SOY TAN TORPE"

Carola se ha retirado a un rincón de su casa a llorar en silencio. Otra vez se ha esforzado por hacer las cosas bien y el resultado ha sido catastrófico. Cuando vuelva su marido, con su malhumor frecuente, querrá probarse la ropa que ella le prepara minuciosamente para que luzca impecable en la comida de la empresa.

En el atolondramiento habitual, Carola ha quemado su camisa preferida cuando, intentando eliminar la última arruguita minúscula, dejó apoyada la plancha un instante más de lo debido. Luego de un aterrador momento de parálisis, decide salir a comprar una camisa igual a la que ha sufrido ese penoso accidente. Sabe que su marido le reprochará su torpeza y añadirá un comentario hiriente sobre su decisión de reponer la camisa, gastando más dinero del permitido. De todas maneras, ese escarnio no tendrá lugar, ya que no tiene éxito en la compra.

Tiembla, anticipando la violencia en las palabras que tendrá que escuchar, el desprecio, la intimidación, las amenazas. Él habla sin filtro, sin respeto, sin compasión. Y ella recibe esa catarata de insultos intentando justificarse, mientras se convence de que él tiene razón: es verdad que ella no puede ser más torpe; es verdad que no le llega ni a la suela de los zapatos; es verdad que él sigue con ella solo por lástima. También es verdad que él es tan generoso que está dándole permanentemente oportunidades para que mejore. Y que ella las desaprovecha, empeorando cada vez más su situación.

Siente que no tiene remedio, por eso llora desconsoladamente; eso sí, cuidándose de que no le queden los ojos hinchados, porque él no quiere verla deformada. La llave gira en la cerradura y todo su cuerpo se encoge, como queriendo desaparecer. Su cabeza se inclina en el ángulo preciso dispuesta a recibir el golpe.

Afortunadamente o, mejor dicho milagrosamente, su marido llega desbordando excitación. Ha logrado cerrar un negocio con enormes beneficios para él, aunque su cliente se ha visto seriamente perjudicado. Parecería que con esta movida sucia ha quedado satisfecha su necesidad de aprovecharse de la desgracia de otro y todavía le dura la euforia típica del ganador compulsivo. De manera que minimiza el episodio, se viste con la camisa de repuesto y, sin más, parte para la reunión, paladeando por anticipado la admiración y la envidia de sus colegas cuando se enteren de lo que ha conseguido. Ella se queda desorientada y respira hondo. Pero el alivio dura poco, porque cuando desaparezca el estado alterado en el que ha llegado su marido, este volverá a las andadas, con mayor intensidad.

"¡¿Hasta cuándo tendré que vivir así?!", se pregunta, esta vez con una débil esperanza de que algo pueda cambiar.

Ese anhelo se va convirtiendo en una certeza y empieza a tomar forma luego de una conversación con una amiga que tiene una buena relación de pareja. La amiga la invita a asistir a una charla sobre violencia de género. No es la primera vez que lo hace pero, esta vez, Carola acepta. Escucha con ávida atención las características de pensamiento de las víctimas y se reconoce en su histórica desvalorización, cultivada por su familia desde el día en que nació. Según el mandato de esa familia disfuncional, alguien debía ocupar el lugar del que no puede, no sabe, no comprende. Y le tocó a ella ser la inútil, el estorbo, la que no vale nada, la descartable. Dentro de ese guion, tenía que aparecer en el mundo interno la voz que reprocha, que juzga, culpabilizándola de todos los errores, las torpezas y las fallas. ¡A ella todo debía salirle mal!

A medida que puede ir desmintiendo esas afirmaciones, que no son más que creencias equivocadas, la luz de esperanza va creciendo. En plena recuperación de su autoestima recuerda el episodio de la camisa quemada y añade un elemento más para comprender su malentendido: se da cuenta de que, si no hubiera estado tan aterrorizada frente a la posibilidad de que quedara una arruguita microscópica, hubiera hecho un trabajo impecable, mejor que cualquier planchadora profesional. Querer hacerlo perfecto para escapar de un castigo seguro fue lo que nubló su capacidad de acción. "¡Entonces valgo!", reconoció.

A medida que comprende otras actitudes reactivas, está en condiciones de evaluar la ayuda que necesita para apartarse de la relación tóxica que la tiene atrapada. Recurre a la mejor asistencia que puede procurarse. Pide ayuda calificada, psicológica, legal y de protección personal, para poder salir del infierno en el que ha vivido. Considerará incluso la posibilidad de cambiar de lugar de residencia para iniciar una nueva vida, parándose sobre sus propios pies, ahora que ha recuperado la confianza en sí misma. Descubre nuevos recursos, algunos tan impensados que le demuestran la profunda sabiduría de la vida, ya que ha obtenido su independencia económica, ganándose dignamente la vida como ¡planchadora profesional!

En esta etapa prefiere estar sola hasta que cicatricen sus heridas. El tiempo y el proceso de construcción de su autoestima le dirán cuándo estará en condiciones de intentar una relación afectiva de amor y respeto.

"No me di cuenta", "lo olvidé", "no tengo cabeza", **"no puedo"**, "no sé", "no es para mí".

Todas estas excusas coinciden en exhibir una carencia, en presentar lo que falta, lo que no se tiene o lo que no se es.

La excusa aparece con la forma de un atributo negativo. A diferencia del "yo soy así" que se expresa con orgullo y vanagloria, este "no poder" está teñido de un intenso sentimiento de vergüenza. Cuando alguien utiliza el primer pretexto, intenta ocupar un lugar de privilegio; en el segundo caso, la persona preferiría desaparecer de la tierra.

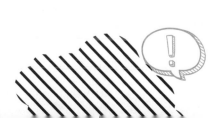

Nunca pude, no puedo ni podré

La vida de las desdichadas personas que emplean esta excusa se estructura alrededor de un eterno **pedir disculpas** por cualquier motivo, y de estar a la defensiva esperando un castigo que, tarde o temprano llegará, a veces por las causas más nimias.

"¡Perdón, no sabía que tenía que comprar una bebida light en vez de una común! ¡Por favor, no me mires así!"

"Ahora, cuando llegue a casa, tendré que soportar los insultos de mi suegra, que vino a vivir con nosotros. Mi marido ni siquiera me lo consultó y no acepta que la desatienda".

Cuando los demás son testigos de estas conductas, tienen reacciones distintas, según el grado de empatía o de nobleza que posean. En realidad, lo que suscitan en los que los rodean es un abanico de respuestas que van desde la piedad hipócrita ("¡pobre mujer!" o "¡pobre hombre!"), pasando por un ostensible desprecio ("da vergüenza verla", "es un pobre infeliz", "la gente así no tiene remedio"), y terminando en la descalificación más brutal ("¡siempre lo mismo, inútil!" o "¡mereces todo lo que te pasa!").

Las personas con la autoestima tan dramáticamente devaluada están convencidas de que sus carencias son inevitables y, sobre

En el plano psicológico, los dos se necesitan mutuamente y se retroalimentan. La propuesta de uno suscita la respuesta del otro, que a su vez hace oscilar de nuevo el juego del sube y baja. La persona en el asiento de abajo representa el "no puedo", "no sé", "no es para mí", "no lo merezco".

La pregunta es: ¿cómo llegó la persona a instalarse tan fuertemente en ese lugar de poco valor? Sin duda, no ha sido por su propia voluntad. Es muy probable que los calificativos que recibió en sus primeros años fueran expresiones para devaluarla y rebajarla. Cuando estas frases entraron en contacto con la superficie "tierna" del niño o de la niña, sucedió algo lamentable, pues quedaron inscritas en la persona, como grabadas a fuego: "¡Deja eso, hija, lo vas a arruinar!", "¡Mira qué bien lo hace tu hermano!", "Pero, ¿qué has hecho, hijo? ¡Eso no tiene arreglo!", "No sirves para nada".

En estas condiciones, la búsqueda de amor y aceptación se vuelve una misión imposible. Pero no por ello se deja de intentar. Las frustraciones dan paso a la desesperación, hasta que ya solo se espera lo que ocurre siempre. De este modo se gesta la creencia inconsciente de que "si tengo que convertirme en lo que mi padre o madre (o ambos) creen de mí, pues bien, lo seré".

Así, me condeno a determinado comportamiento, a no hacer nunca nada bien.

Cuando la persona llega a la edad adulta y alguien se dirige a ella, con una versión más o menos similar a lo que ha escuchado toda la vida, terminará por repetir las conductas aprendidas, como mostrarse torpe, inútil, impotente, inservible. En el mejor de los casos, puede que encuentre a un interlocutor que le responda: "No es verdad, tú no eres así". Pero es más que probable que sea una presa fácil, una víctima contra la cual se volcará la violencia, la intolerancia o la crueldad de quien se encuentra en el otro asiento del sube y baja, y participa en el juego del poder.

Desarmando la excusa: yo puedo

Lamentablemente, suele ser necesario soportar mucho sufrimiento antes de encontrar una respuesta adecuada a las voces internas de la desvalorización, pues estas no dan tregua. Para llegar a decir "¡basta de sometimiento!", es necesario confiar en el "puedo" como palabra habilitadora.

Si esta palabra cargada de amor y compasión es expresada por alguien significativo que autoriza y da permiso, entonces en algún momento podrá quebrarse la coraza del desprecio y la minusvalía, se debilitarán las voces de la descalificación y se preparará el terreno para sembrar semillas distintas y nuevas, más benéficas. En el instante en el que esa palabra se internaliza y esa voz se vuelve propia, comienza el camino de retorno a uno mismo. Es como escuchar: "Por favor, recuerda quien eres. Es doloroso verte sufrir sin sentido. Tienes otras alternativas".

Así, pues, se trata de destruir la creencia en la propia inferioridad y de interrogarse: ¿será verdad que soy esto que creo? En este sentido, es bienvenida la "duda razonable" que emplean en el lenguaje judicial. Aunque en este caso la podríamos llamar "duda saludable", ya que sacude los cimientos de ese profundo malentendido y apunta a restablecer la salud emocional. Bienvenida también la honorable tarea de construir una autoestima real. Cada pensamiento relacionado con el valor propio se vuelve una palabra con la que me reconozco: "Me doy cuenta de que soy… buena administradora, buen padre, buena alumna, buen mecánico o buena persona".

Con ese respaldo, surge una nueva confianza para hacer lo que me he propuesto. "Quiero completar mis estudios. Me he preparado a conciencia y puedo aprobar este examen, pues le he dedicado tiempo y trabajo". Aunque la convicción no sea absoluta, me doy permiso para intentarlo. "Solo es un ensayo", me digo. Cuando acometo la tarea, me ocupo activamente de mantener a distancia las voces históricas.

Es necesario confiar en **el "puedo"** como palabra habilitadora.

RECUPERO MI AUTOESTIMA

Si has sentido una fuerte identificación con el personaje del relato anterior; si Baltazar es más afín a ti que Carola, no percibirás ninguna clase de similitud con ella. De todas maneras, reconocer lo que le pasa a la persona que está frente a ti, conformando la relación en el extremo opuesto, te será muy útil.

Si, por el contrario, sentiste que Carola te representa, es posible que hayan aflorado en ti emociones de dolor y de angustia. Sería bueno que las dejaras salir.

1. IDENTIFICA TUS PENSAMIENTOS

- ¿Puedes dirigir tu mente para que encuentre algo valioso en ti? ¿Qué descubriste? Si no aparece nada, sigue buscando y detente en algo que te parezca pequeño. No lo dejes escapar de tu conciencia porque esa es la semilla que tendrás que poner a germinar. Verás que los ejemplos sobran: tu amor por los animales, o tu facilidad para tejer o conducir un automóvil. También son méritos respetar a los mayores o que los niños corran hacia ti apenas te ven. O no tenerle miedo a las alturas, o… No te detengas hasta encontrar ese rasgo positivo.

2. ELIGE TUS PALABRAS

- Haz una lista de todas las personas que te alientan para que recuperes tu autoestima.

- Frente a cada nombre (no importa la cantidad) escribe lo que esa persona te ha dicho que reconoce en ti, que seguramente ha recalcado más de una vez.

- Elige uno de esos valores para trabajarlo en el paso siguiente.

3. PRACTICA TUS ACCIONES

- Intenta desarrollar el valor que has elegido. Por ejemplo, si el valor es el coraje para levantarte todos los días, aunque te sientas mal, intenta aplicarlo en otras áreas, tal vez para empezar a poner límites.

- Procura empezar con una tarea sencilla, para que tu confianza se desarrolle paso a paso, sin saltos ni sobresaltos.

- Recuerda que el más mínimo logro tiene doble valor, porque has partido de sentirte menos que cero (-1), a sentirte al nivel de los demás (1) para ir ascendiendo de a un escalón por vez: 2, 3, 4, 5…

¡Ya tendrás tiempo de llegar a 10!

NO NECESITO LA EXCUSA

Una vez que me aventuro a intentar las cosas, la excusa queda hecha polvo. "¿Cómo no voy a poder?", es la nueva propuesta. Tras ese gran cambio recupero mi potencial y la posibilidad de realizar lo que me proponga.

Pero debo estar atento y evitar la tentación de pasar del no puedo nada al lo puedo todo. Hay que recordar que lo posible se sitúa en medio del sube y baja, justo en su punto de equilibrio. Esta noción es el **antídoto** para evitar la caída y provocar un nuevo círculo vicioso.

De nada vale que me proponga organizar una cena para veinte personas, cuando hasta hace poco, me sentía incapaz de cocinar ¡un simple pastel! Pienso con buen criterio que, si doy un paso demasiado largo, es probable que me frustre y demore la recuperación de mi autoestima.

Esta se irá fortaleciendo y crecerá cada día un poco más. Y entonces, se me presentará una nueva tarea, que viene pegada a este paso de evolución: deberé comenzar a prestarle atención a mis relaciones y examinarlas una por una, para reconocer a aquellos que se sienten felices de ver que he recuperado mi valor, y diferenciarlos rotundamente de quienes aprovechaban mi supuesta **inferioridad** para sentirse superiores. Tendré que evitar que esas personas sigan ejerciendo su cruel dominio. Podré reconocerlas cuando detecte que siguen echándome en cara mis faltas, sin reconocer mis logros. También cuando perciba que exageran o dan demasiado peso a los errores que, como cualquier ser humano cometo, y minimizan lo que hago bien, en vez de alentarme y felicitarme.

Por último, advierto que felicitar es desear la felicidad. Me he cansado de ver en el espejo una imagen distorsionada de mi ser real y ahora que busco recuperar mi verdadero valor, ha llegado la hora de vincularme con personas bienintencionadas que me traten a la par, que me respeten y a quienes querer y respetar sea un placer y una satisfacción.

Capítulo 4

EL EXCESO
DE DEBER

❌ El esparcimiento es **un lujo**

❌ No tengo espacio para **distracciones**

❌ Primero el **deber**

❌ Las obligaciones son **prioridad**

❌ Vivo con listados de **tareas** pendientes

LO QUE DIGO Y LO QUE ME DIGO CUANDO ME PROPONEN RELAJARME Y PASARLA BIEN: "PRIMERO EL DEBER"

El ceño fruncido, los dientes apretados, Darío sabe que otra vez tendrá que posponer su necesidad de descanso y de distensión, para poder entregar a tiempo el cierre del ejercicio anual.

Darío es contador de una empresa multinacional que se caracteriza por su exigencia, por sus reglamentaciones estrictas y trato impersonal. La puntualidad y la eficacia están sobrevaluadas. El intercambio afectivo es el mínimo necesario. Lo importante es hacer bien y a tiempo lo que se espera de cada uno. Ser eficiente. Cumplir.

A Darío este escenario le resulta conocido: desde muy pequeño ha tenido que ejercer funciones de responsabilidad inapropiadas para su edad. Estudiaba y trabajaba al mismo tiempo, desde los catorce años. Cuidaba a sus hermanitos menores desde los ocho. Y, muy frecuentemente, debía renunciar a su vida social, privilegiando las obligaciones. El contexto emocional de su familia era de suma austeridad. Apenas si se satisfacían las necesidades básicas, sin hacer ninguna concesión con lo que se creía superfluo, desde una golosina a un segundo abrigo. El sacrificio era el requisito para conseguir objetivos de largo o mediano alcance, por ejemplo, ahorrar un año entero para acceder a un electrodoméstico. Así aprendió el "arte" de postergar sus necesidades y sus deseos.

Ese patrón de conducta todavía persiste, ya que sigue poniendo en primer lugar lo que le piden, demandan o necesitan su mujer y sus hijos y a veces sus amigos, privándose con mucha facilidad de lo que él mismo quisiera.

Cree que provee a su familia y la sostiene más por deber que por amor.

Eso sí, ellos a su vez tendrán que someterse a las mismas reglas que imperaban en su casa natal, en el seno de su familia primaria: levantarse muy temprano; respetar la hora de la comida (¡el que llega tarde, no come!); cumplir con la tarea doméstica asignada a cada uno; ser exitoso en los estudios y, sobre todo, esforzarse por conseguir cualquier objetivo que se deseara.

En este esquema sumamente rígido, la vida, en su infinita sabiduría, lo "premia" con un hijo "rebelde". Finalmente, será ese hijo quien le mostrará el camino del equilibrio.

Volvamos al ceño fruncido y a los dientes apretados, que en ese momento se permite tener por primera vez frente a una obligación que históricamente ha cumplido sin chistar. Esa sensación de contrariedad marca el principio de una brecha que se abrirá para dejar pasar su viejo anhelo de libertad.

La llamada rebeldía de su hijo soslaya una noción de libertad inmadura y desbocada típica del adolescente. Es un estado en el cual impera la necesidad de transgredir, pero solo como la reacción desesperada ante la ley exagerada, inflexible e inamovible que ejerce su padre.

Darío se descubre envidiando secretamente la capacidad de su hijo para "romper cadenas". En contraste, sus ataduras psicológicas parecen aún más limitantes.

Con una audacia hasta ahora desconocida en él, se propone hacer un experimento (esa será la única forma en la que se anime a intentar lo que llamará "una pequeña transgresión").

Se da el gusto de asistir a un taller de pintura creativa, que le ha despertado mucha curiosidad. Recuerda que en su infancia amaba dibujar y pintar y que lo hacía en secreto, para evitar la segura desaprobación de su padre. Esos momentos ponían la única nota de color en su vida.

Con valentía, vence las primeras resistencias y logra entregarse a la dinámica del taller, permitiéndose explorar formas, colores y matices hasta producir una obra, que su lado rígido no dejará de criticar. De todas maneras, ya es tarde: la semilla de la libertad está sembrada y sigue dando frutos. Se sumerge una y otra vez en los dominios de la creación y su carácter se va ablandando, flexibilizando. En una palabra, siente que se humaniza.

Y paralelamente a su transformación, verifica con asombro que su hijo "rebelde" está más dispuesto a reconocer límites y a incorporarlos a su vida.

El sistema familiar entero se transforma. Y comienza a circular un nutritivo intercambio de energías que enriquecen y potencian a ambos.

"Son tantas las personas que me necesitan: el consejo de administración de mi edificio, el grupo de padres y maestros de la escuela de mis hijos, mi madre anciana. Debo ocuparme de ellos y de muchas tareas cotidianas. ¿Ocio? No sé qué significa esa palabra".

El deber se impone y pareciera no haber modo de esquivarlo, o por lo menos la intención de hacerlo. El deber manda. La persona capturada por él solo tiene que obedecer, cumplir los mandatos, las obligaciones, las órdenes.

Sin embargo, hay que ser precavidos y será mejor distinguir el deber como excusa del deber como vocación genuina. ¿Cómo diferenciarlos? Pongamos dos ejemplos ilustrativos: la milicia y el clero; el deber es una piedra fundamental de ambos.

El militar debe aprender a obedecer, ya que en ello se juega la vida. Si un soldado cuestiona las órdenes, reinará el caos. El general que comanda tiene la responsabilidad de la defensa y debe ser obedecido. Esa jerarquía es funcional. Lo mismo sucede con el dogma religioso, que necesita cohesión y adherencia para sostener su propuesta de una vida ascética, despojada y disciplinada, como sostén de la fe y de la ayuda al prójimo.

Pero es muy distinto el caso de quien se siente obligado a sacrificarse dolorosamente y destila una amargura palpable y evidente. Basta con ver el rostro de una persona que luce un crónico ceño fruncido, en el que se dibuja la máscara de la tragedia.

La obligación y la deuda

A cuántas personas has escuchado decir: "No puedo darme el lujo de perder el tiempo en mi placer. Además, hay tantas personas que sufren. Entregarse al placer es un egoísmo imperdonable". Para estas personas, el altruismo es maravilloso y el egoísmo es detestable. El placer es pecado. La complacencia es debilidad.

El cuerpo de leyes, reglamentos y estatutos de distintos lugares e instituciones parece respaldar esta creencia. Lo que se debe hacer está muy por encima de lo que se quiere, se puede y conviene. En términos generales, la vida es obligación y exigencia, trabajo y responsabilidad. Todo lo demás es vano y superficial. Para esta mentalidad, la frase "primero el deber y siempre el deber" constituye una defensa acérrima e incluso exagerada del vivir para los demás, así como una descalificación de las propias necesidades. Para las personas que viven bajo la consigna del deber, este no se cuestiona: se cumple. Se trata de un todo o nada, sin términos medios.

Recordemos, asimismo, que no hay una sola acepción del término, pues el "deber" también significa estar en deuda. Quien se somete a él parece estar pagando algo permanentemente. Y no hay que pensar solo en dinero, que no es más que una clase de energía, sino que se

Se trata de un **todo o nada,** sin términos medios.

paga también con tiempo, con deseos propios postergados, con necesidades básicas descuidadas. Pongamos un par de ejemplos. En el primer caso, una mujer tiene muchos deseos de dar un paseo con sus amigas, pero se repite que sus hijos la necesitan, así que piensa: "Yo los traje al mundo y debo velar permanentemente por ellos". En el segundo caso, un hombre se dice: "Mis padres me dieron la vida, debo acompañarlos y cubrir todas sus necesidades, aunque yo tenga que postergar mi visita al dentista una vez más".

Lo peor de esta situación, es que la deuda no se cancela nunca.

En busca del lado amable

Cuando esta excusa se vuelve parte de uno, el deber se torna autoritario. ¿Cuántas veces hemos escuchado la frase "esclavo del deber"? Lo importante ahora es darnos cuenta de que se trata de un gran malentendido, pues el deber es transformado en un amo despótico y cruel, y su sentido y función originales terminan desvirtuados.

Debido a esta distorsión, el deber es puesto por encima de la satisfacción de nuestras propias necesidades y se convierte en una exigencia sobrehumana. Si bien hay un genuino anhelo de servir a los demás, la persona absorbida por la obligación no solo considera que el deber hacia el otro es primero, sino que es lo único que tiene valor. Al final, termina por ignorarse aquello que nos equilibra y complementa: el placer, el lado amable de la vida.

¿Qué motivaciones hay detrás de llevar esta forma de vida? Puede que la persona haya sido educada bajo un conjunto de creencias que exaltaban el altruismo y demonizaban la atención puesta en uno mismo. La abnegación, el **espíritu de sacrificio**, el postergar lo propio, constituían los pilares del sentido de su vida. En un ambiente semejante, el niño o la niña que exhibe estas cualidades tiene garantizada la aceptación de los mayores, mientras escucha la crítica permanente contra los que carecen de compasión y contra los desalmados. Estos últimos (los "sin alma") tienen destinados la culpa y el castigo; pero para quienes practican la caridad, hay bendiciones y alabanzas. Como en tantas otras situaciones, los individuos elevados a la categoría de santos están tentados a desarrollar una identidad que permanezca fiel a esos principios.

Como ya mencionamos brevemente, otra característica de esta clase de deber es la exigencia sobrehumana que la persona se dirige a sí misma. "Serás lo que debas ser o si no, no serás nada", hemos escuchado decir…

Pero, ¿qué significa "ser nada"? Nos podríamos preguntar cuál es el contenido de esa nada. ¿Puede una persona ser nada? En realidad, todo ser humano es algo, es alguien. Por un lado, puede expresarse al estar en contacto profundo consigo mismo o, por el contrario, traicionar sus mejores dones; puede desarrollarse gozosamente o con dificultades; ser famoso o anónimo, exitoso o fracasado. Pero nunca es "nada".

Por supuesto, en la frase hay un dramático llamado a que cada persona trabaje para ser la mejor versión de sí misma. "Primero el deber" no es una excusa para evitar abordar las necesidades personales. Tiene que haber una elección absolutamente libre, con los ojos abiertos a las dificultades que se han de afrontar.

Ahora bien, cuando la sujeción al deber persiste en un marco de rigidez y de exigencia inhumana, la profecía de "la nada que te espera" se convierte en un monstruo amenazador, en el peligro que pende sobre nosotros como espada de Damocles.

"Debes ser siempre el mejor alumno. No acepto menos de un 10. Si te sacas un 9, has fallado. Si consigues el 10, solo habrás cumplido con tu deber". Como puede verse, no hay recompensa, pero sí castigo. De este modo, el deber se torna inflexible. ¿Qué caminos le quedan al niño o a la niña que debe ser, por un mandato mal entendido, lo mejor en todo cuando crezca: mejor empleado, mejor madre, mejor deportista, mejor pianista? ¿Qué hacer cuando se está atrapado en esas exigencias?

El deber es puesto por encima de la satisfacción de nuestras propias necesidades y se convierte en una **exigencia** sobrehumana.

Tradicionalmente, las respuestas se ubican en los dos extremos de un arco: sometimiento o rebeldía, obediencia o transgresión. En ambos casos hay miedo por la amenaza de castigo y culpa por ser motivo de decepción: "papá y mamá han puesto tantas expectativas en mí y no hago más que desilusionarlos". Queda claro que la función de los hijos no es satisfacer las expectativas de los padres. Por el contrario, esa sería la manera más equivocada de ayudarlos para que "sean lo que deben ser".

Desarmando la excusa: al César lo que es del César

Asignar **prioridades** es el principio de un proceso de limpieza que me permite disponer de un **tiempo** para mí y otro para los demás.

Cuando la persona que está abrumada por la inflexibilidad se anima a abrir espacios de cuestionamiento y aparta las voces históricas del miedo y la culpa, puede descubrir lo que se designa como el espíritu de la ley, que implica ir más allá de la letra de la ley y de lo literal que hay en ella, a fin de que haya una justa atribución de responsabilidades: "al César lo que es del César y a Dios lo que es de Dios". Aclaremos que esta cita bíblica ha trascendido más allá de su contenido religioso, que no es lo que nos interesa en este análisis. Si deseamos poner el énfasis en la ampliación de la mirada, en el ver más allá de lo que aparece a simple vista. A esto nos referimos cuando mencionamos los distintos niveles de percepción de la realidad.

En el proceso de autodescubrimiento, la persona puede incluso interrogar los viejos dichos, como "haz el bien sin mirar a quien", y preguntarse cómo lo puede conseguir, pues él no se mira porque solo mira a los demás.

Cuando hay responsabilidades familiares, el deber ser suele pesar bastante: "Mi deber es para con mi familia, debo procurarles unas vacaciones prolongadas, mientras yo me quedo trabajando, porque si elijo acompañarlos, eso significa acortar la estadía". Pero cuando uno empieza a **dirigir la atención** hacía uno mismo y a repartir de una manera más justa las prioridades, puede plantearse: "¿Me necesitan ahora, justo en el momento en el que estoy por presentar un examen final para obtener un título de posgrado? Pienso que si no se trata de una emergencia, tendrán que esperar". Después de verificar que no haya pasado nada grave con mis familiares y que se las pueden arreglar sin mí, puedo empezar a darme cuenta de que no necesito acudir desesperadamente a salvarlos, como si tuviera que apagar un fuego, como he hecho tantas veces en el pasado. El mundo no se va a derrumbar.

Este asignar prioridades es el principio de un proceso de limpieza que me permite disponer de un tiempo para mí y otro para los demás.

LO QUE DEBO Y LO QUE QUIERO

Después de haber leído este capítulo, puedes reconocer si seguir la guía de los capítulos anteriores, tomando notas, reflexionando y llevando a la práctica tus intentos, te ha resultado una opción interesante y placentera o si la has considerado una obligación más, un deber que cumplir. Si este último fuera el caso, estás a tiempo de plantearte alguna **modificación** en tu manera de interpretar esta propuesta. No se trata de cumplir, ni de obedecer, sino de que te sea útil. ¿Se te ocurre alguna otra idea para lograr el mismo objetivo? ¿Cuál?

1. IDENTIFICA TUS PENSAMIENTOS

- Si la historia de Darío te lleva a preguntarte sobre tu relación con el deber ¿detectas un exceso, o tal vez una falta? ¿Cuál?

- ¿Te has planteado la diferencia entre hacerse responsable y sentirse culpable? ¿Cuál de ellas predomina en tu vida?

- ¿Tiendes a pensar que debes ocuparte de todo, siempre? Recuerda algunos ejemplos.

2. ELIGE TUS PALABRAS

- ¿Qué te dirías para bajar la súper exigencia? ¿Con qué palabra consigues ponerte límites? ¿Te serviría alguna de estas expresiones?: ¡Basta! ¡Hasta aquí! ¡Ya es suficiente! ¡Es demasiado! ¡Así está bien!

- Si no es ninguna de las anteriores, descubre la palabra o la expresión que pueda tener efecto para regular tu excesivo sentido del deber.

3. PRACTICA TUS ACCIONES

- Si en tu vida son más las obligaciones que los tiempos de distensión, intenta, aunque sea una vez por día, darte un gusto. Pueden ser diez minutos de relax; escuchar música, hacer una caminata, una pequeña charla con amigos, tomar un helado. Haz lo que te gratifique: la clave está en permitirse el placer.

- Intenta convertir, en las ocasiones en las que sea adecuado, el "yo tengo que" sin opciones, en "¿a quién puedo pedir ayuda?" o "¿en quién puedo delegar?"

- También es importante aprender a repartir las responsabilidades.

Tu deber alimenta a los demás. Tu placer te alimenta a ti y te pone en mejor disposición para seguir alimentando a todos ¡incluyéndote a ti!

NO NECESITO LA EXCUSA

Mi vida puede adquirir un nuevo equilibrio una vez que comience a revisar los mandatos que he internalizado. Se trata de usar mi libertad para elegir aquellas normas que me resulten útiles, mientras trabajo para desarraigar aquellas que me atan. Convierto el "debo levantarme temprano" en "me gusta levantarme temprano porque mi energía está al tope". El deber se convierte en lo que me hace bien.

En cambio, si pienso: "debo alimentarme con lo mínimo porque quiero una silueta perfecta", he de preguntarme si elijo esa obligación por decisión personal o por satisfacer una **norma social** de dudosa validez. Si este deber ser no me da bienestar, no protege mi salud ni me enriquece, ¿por qué he de imponérmelo?

A fin de cuentas, se trata de elegir caminos que coincidan con lo que soy. Por ejemplo, si amo la disciplina, la regularidad, disfruto con el entrenamiento diario, no me pesa tener que obedecer órdenes, sino que esto me da seguridad y estructura, entonces haré bien en elegir una carrera como la militar. O bien, soy una persona que se sumerge en el mundo de la creación artística y termino por olvidarme del paso del tiempo, entonces debo intentar satisfacer esa necesidad mientras encuentro la manera de sostenerme sin pretender que los demás lo hagan por mí.

De este modo, **me doy permiso** para elegir y verifico que estoy en camino de cumplir la función para la que nací. Solo así, de esta manera, seré lo que debo ser.

Capítulo **5**

LOS SENTIMIENTOS COMO
PRE-
TEXTO

◀◀◀◀

✖ No soporto verlo (a) **apenado (a)**

✖ Me **siento pésimo** si le digo que no

✖ No lo (a) quiero **lastimar**

✖ Me da **culpa** rechazarlo (a)

✖ Tiene tantas **ganas** de que vaya

LO QUE DIGO Y LO QUE ME DIGO SI NO PUEDO NEGARME A ALGO: "NO LO (A) QUIERO LASTIMAR"

Ernestina tiene un cuerpo flexible, una sonrisa fácil y una disposición amable y servicial. Su familia y sus amigos saben que pueden contar con ella.

En este momento se enfrenta a un difícil desafío: la líder de su grupo de amigas, una mujer con mucha iniciativa, ha sugerido que Ernestina consiga una autorización para realizar la reunión de fin de año en el exclusivo club del cual es socia. Esta propuesta ha sido recibida por el resto del grupo con enorme entusiasmo y, como tantas veces en su vida, Ernestina se ve en la obligación de complacerlas.

Duda sobre su capacidad de conseguir esa autorización. Estaría dispuesta a mover cielo y tierra para no defraudar a sus amigas, pero sospecha que su deseo y su voluntad se encontrarán con una negativa rotunda.

En realidad, el socio titular de ese club es su marido, quien seguramente va a tener un gran disgusto cuando escuche esa propuesta, tan contraria a las disposiciones y reglamentos de la institución.

Ernestina está acostumbrada a huir de las confrontaciones y ahora se encuentra en un callejón sin salida. Desearía ser capaz de complacer tanto a su marido, (ahorrándole el disgusto de pedir lo que sin duda le negarán), como a sus amigas, que han depositado en ella una confianza ciega.

La presión interna se intensifica durante un par de noches en las cuales alterna horas de desvelo con horribles pesadillas.

Algunos de esos vívidos sueños replican situaciones reales de su infancia. Le recuerdan la expresión de horror en la cara de su madre cuando, con la inocencia de sus siete años, comentó, emocionada, que la jovencita que el día anterior, su tío "felizmente casado" estaba besando, era ¡muy, pero muy parecida a su actriz favorita!

A partir de la catástrofe familiar que siguió a este episodio, fue implacablemente adoctrinada para decir "lo correcto", para detectar lo que las personas querían escuchar, obviando todo lo demás. También lo que les daba gusto, lo que les arrancaría una sonrisa y un comentario al estilo de "¡qué encanto de persona, su hija!".

Se volvió una experta en cambiar su discurso en cuanto notaba el más mínimo gesto de incomodidad, diluyendo la tensión con algún comentario liviano o frívolo. Su familia llamó a ese rasgo "delicadeza" o "don de gentes" y la alentó a cultivarlo en cuanta ocasión se presentara.

Ahora, en la profunda crisis que experimenta, no duda en rebautizar esa actitud lisa y llanamente como hipocresía. Se da cuenta de que ha traicionado reiteradamente sus verdaderos sentimientos, solo para satisfacer el deseo del otro.

"¡Qué bueno sería, aunque sea por esta vez, poder decir la verdad!". Decide intentarlo con sus amigas y, aprovechando su estilo de decir las cosas "con guantes de seda", les plantea la dificultad y el conflicto que procura evitar.

Se sorprende al recibir una comprensión que no esperaba. Esta respuesta la alienta a reconocer, aunque sea de manera indirecta, que ha podido decir que no.

Ese "no" sin violencia, a veces acompañado de un "lo lamento mucho pero no…" o un "me gustaría, pero no…" va corrigiendo las distorsiones de una excesiva complacencia y le va devolviendo, poco a poco, una parte importante de su humanidad: siente el profundo alivio de perder su supuesta santidad, para recobrar su condición terrenal.

Si reflexionas, es muy probable que en algún momento hayas pensado algo similar: "Tiene tantos deseos de ir a esa reunión conmigo. Quiere lucirse con sus compañeros de trabajo. Aunque yo preferiría quedarme tranquila en casa, luego de un día agotador. De todas maneras, voy a complacerlo".

"Me siento muy culpable si le niego algo. Aunque me dé cuenta de que es un capricho pasajero, siempre accedo. No soporto verla triste".

Este tipo de pensamientos hace que las personas se pasen la vida buscando complacer a los demás. En su vocabulario no existe el "no". Sienten un rechazo instintivo a decir o hacer algo que pueda incomodar al otro, de manera que no les queda más que estar dispuestos a acceder a todas sus demandas. Esto no sería tan grave si también se ocuparan de ellos mismos. Pero ni siquiera se lo cuestionan, ya que han decidido dejar en el camino su propio bienestar.

Para mí, el amor es siempre decir que sí

Al emplear frases como estas: "Sí, mi amor, por supuesto" o "Cómo no, corazón, faltaba más", "claro, amiga/o, cómo no voy a ayudarte con lo que me pides", damos por sentada la imposibilidad de decir que no. El "cómo no" dicho en automático, de manera gentil y educada, demuestra sorpresa e insinúa una leve sensación de ofensa: "¿Cómo puedes pensar que voy a contrariarte?". En realidad, la frase significa que no hay opción y que el sí es una obligación. Ese "cómo no" es, más bien, una pregunta retórica y una declaración de lo que debe hacerse. Lo asombroso de esta vivencia es que no hay registro, tampoco sensaciones, ni cuestionamientos que permitan descubrir que detrás del complacer hay obligación. La persona lo vive con una gran naturalidad, como si estuviera experimentando los efectos de la ley de gravedad. Así como no vale la pena discutir lo que pasa cuando arrojas un objeto al aire, (tú sabes que, indefectiblemente, caerá), tampoco tiene sentido que cuando alguien te pide o te demanda algo, le digas que no. La piedra no tiene opción. Y crees que tampoco tú la tienes. El mensaje de fondo detrás de la expresión "El amor es siempre decir que sí" implica ser **dócil y complaciente**, para sostener y garantizar un cuento de hadas. El otro participante de la relación, especialmente la pareja –aunque no hay que excluir a padres, hijos, amigos, compañeros y colegas–, termina encantado con esta actitud. El otro se vuelve una especie de Aladino que frota la lámpara para que el genio le conceda todos sus deseos. Pero quien debe cumplir las demandas, lejos de ser el genio de los cuentos, termina por esconder debajo de la alfombra sus propios deseos y necesidades.

"Me recosté un ratito, porque tengo un fuerte dolor de cabeza. Mi hija con mis nietos acaban de tocar el timbre; vienen a comer. ¡Me lavo la cara y bajo a atenderlos!".

"Papá, ¿me podrás venir a buscar a la salida del recital, alrededor de las cuatro de la mañana? ¡Te mando un WhatsApp cuando termine!, dice mi hija menor. Tendré que ingeniármelas para hacer tiempo desde que finalice la cena de cumpleaños de mi suegro, aunque tal vez no tenga que esperar tanto porque debo llevar a mi mujer a casa y recoger al más pequeño de la casa de sus tíos".

¡Programa más o menos similar, todos los fines de semana!

Así logro que me quieran

En la historia de esta compulsión hay un largo entrenamiento en las mil y una maneras de

El otro se vuelve una especie de **Aladino** que frota la lámpara para que el genio le conceda todos sus deseos.

complacer. También se trata de una suerte de encantamiento, ya que pareciera arrojarse un hechizo o desplegarse un manto de ilusión para que el otro, inevitablemente, quede "encantado".

Sin los matices negativos de esta forma de actuar, la capacidad de agradar facilita el encuentro armónico entre los seres humanos. Esta posibilidad de crear empatía permite que haya una apertura sincera que conecta lo más entrañable de uno con lo más profundo del otro.

En otro sentido, también se trata de fomentar la diplomacia, que es esa amable disposición a formar acuerdos y tomar en cuenta por igual las necesidades de las dos partes. Cultivar el arte de la diplomacia como consideración, respeto, buenas formas, sensibilidad, le hace mucho bien a la humanidad. Ha llegado a prevenir conflictos y luchas estériles.

Y en las relaciones de todos los días, la forma genuina de complacer es aquella en la que el gozo es compartido. Pongamos el ejemplo de un ser querido que expresa un deseo o manifiesta admiración por algo, y de manera espontánea dice: "¡Cómo me gusta ese libro!" o" "Acabo de ver mi postre favorito". Como si fuera una antena, capto y guardo en mi memoria su deseo y, en la medida de mis posibilidades, aparezco el día de su cumpleaños con el objeto en cuestión. En ese instante, el placer de regalarlo será el mismo que la satisfacción de recibirlo. Compartimos la felicidad.

La forma genuina de complacer es aquella en la que **el gozo es compartido.**

En cambio, la necesidad compulsiva de complacer, sin importar a qué costo, es radicalmente distinta. Esta constituye un recurso inconsciente que me promete la aceptación, el amor y la validación de una persona. En tanto la satisfaga, se apaciguará mi temor a sufrir su rechazo.

Hay que tomar en cuenta que los modelos sociales de la *geisha* y la prostituta no entran en este orden psicológico. En esos casos, complacer es un oficio o una forma de obtener algo a cambio, ya sea prestigio, dinero o poder. En contraste, lo que generalmente busca la complacencia como mecanismo de relación con el otro, por lo menos de modo inconsciente, es una garantía: si le doy lo que quiere, **me aseguro** su afecto, su presencia o su dependencia. Seguramente conoces alguno de los siguientes ejemplos: "Vivo para él", "Existo para ella", "¿Cómo le voy a decir que no?", "No puedo, lo ofendería", "¿Cómo la voy a ignorar?". Al capturar su necesidad y satisfacerlo/a, me convierto en su objeto de deseo.

Veamos de qué manera se forja esa identidad en la que resulta tan fácil colarse en el otro por medio de sus deseos, mientras se obstruyen los propios. Antes que nada, es necesario recordar cómo y cuándo comenzó este largo entrenamiento en complacer, pues es seguro que le haya sido impuesto al niño o a la niña desde el mismo comienzo de su vida.

Podría decirse que el infante fue entrenado concienzudamente desde la primera reacción de embeleso que despertó en el otro, y luego reforzó esta conducta en cuanta oportunidad se presentaba: "Enséñale a tu tía cómo haces con la manita", "Sonríele a la señora", "Quédate quieta, porque se te arruga el vestidito con el que te ves tan preciosa", "Ya sabes, pórtate siempre amable y educado" o, por último, "¿Por qué tienes esa cara? ¿Estás triste? Vamos, límpiate los mocos y sonríe".

Esta **complacencia** ha sido el pasaporte para que el otro me aceptara incondicionalmente. Pero la enorme exigencia ha dejado en mi rostro la marca de una alegría ficticia, la máscara de la comedia. El drama no está permitido. En todo caso, si hay algo que está mal, o estoy sufriendo, por favor, ¡que no se den cuenta!

Desarmando la excusa: descubro que el amor no se negocia

La comprensión adulta de la vida implica integrar sus aspectos contrastantes, como el drama y la comedia, o como lo muestra con tanta elocuencia el símbolo del *yin* y el *yang*: un medio círculo negro que incluye un punto blanco, y la mitad blanca complementaria con un punto negro en su interior.

Así que para desarmar la necesidad emocional exagerada, hay que reconocer que poner límites no significa provocar un drama y, menos aún, una tragedia. El "no" es una parte que integra la vida. Puedes comprobar que al decir "No, esto no me satisface, aunque tú lo desees, ya que mi deseo es distinto", lejos de romper tu vínculo con el otro, lo hace más saludable y vigoroso.

Para lograr lo anterior, primero habrá que transitar por un nuevo camino que nos acerque a la naturaleza del deseo, el cual pasa, forzosamente, por la capacidad de discernir. Si el otro desea algo y estoy de acuerdo en llevarlo a cabo porque coincide con mi propio deseo, entonces compartiremos. Si lo que el otro quiere violenta mi deseo, si quiere imponerse o si una sugerencia se convierte en demanda, debo utilizar mis herramientas sociales para buscar la manera de hacerle saber que no concuerdo. Se trata de aprender a defender mi derecho a disentir y de estar consciente de que no quiero continuar más con un vínculo dictatorial.

No debo temer perder esa clase de relación impositiva, porque solo basta con darme cuenta de que al ahogar mis deseos, mi vida se empobrece, mi impulso vital deja de ser un motor y termina por convertirse en un mecanismo automático de supervivencia y, sobre todo, me hace perder la dirección, el sentido y la alegría de vivir.

Habrá que transitar por un **nuevo camino** que nos acerque a la naturaleza del deseo.

RECUPERO MI DIGNIDAD

Tal vez hayas tardado un tiempo más del previsto en contactarte con el espacio de reflexión correspondiente a este capítulo, y no es por casualidad. Es probable que, por complacer a todos, hayas postergado **tu encuentro con la calma** que te permite el contacto profundo contigo.

De todas maneras, ya estás con tu cuaderno en la mano, de manera que te invitamos a explorar el relato introductorio y las propuestas del capítulo.

1. IDENTIFICA TUS PENSAMIENTOS

- ¿Eres de las personas que necesitan complacer a los demás para sentirse bien? Si es así, ¿cuál es tu sensación cuando lo haces? ¿Y qué te sucede cuando algo te impide hacerlo?

- ¿Hay alguna persona en tu familia que, como en el caso de Ernestina, te ha enseñado a relacionarte así con las demás personas? ¿A quién descubriste? ¿De qué manera te transmitió ese comportamiento? ¿Con la palabra? ¿Con el ejemplo? ¿Cuál te parece que pesó más?

2. ELIGE TUS PALABRAS

- Si partes de la idea de que a quien necesitas complacer es a ti, haz una lista de los argumentos que darías si fueras tu propio abogado defensor. Por ejemplo: "porque ahora me toca a mí", "porque lo merezco", "porque no le hago mal a nadie".

- ¿Encuentras alguna otra frase que te motive más y te entusiasme cuando piensas en llevarla a la acción? ¿Cuál?

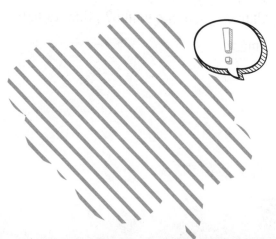

3. PRACTICA TUS ACCIONES

- Practica ponerte en primer plano, aunque sea una vez por día, comenzando desde lo más fácil, para luego intentar lo más difícil.

- Te permitirás darte pequeños gustos, como quedarte descansando un rato más, y llegarás hasta dejar que tus hijos mayores se encarguen del hogar cuando decidas pasar un fin de semana con tus amigas en un spa.

No te olvides de tomar nota de lo que te devuelven los demás. El enojo es señal de que sienten que pierden la posibilidad de aprovecharse de ti.

Si aceptan las nuevas reglas del juego, aunque al principio sea tibiamente, te estarán devolviendo tu derecho a una vida más gratificante. Y tendrán la oportunidad de disculparse por haberte desatendido.

NO NECESITO LA EXCUSA

Cuando el "no lo (a) quiero lastimar" pierda su validez, podrás reemplazarlo por múltiples propuestas para compartir: "Tú deseas ir al mar y yo a la montaña. Un año hacemos lo que tú quieras, el próximo es mi turno", o "¿Qué te parece si buscamos en Internet un lugar que ofrezca ambos paisajes y no paramos hasta encontrarlo?".

"Hoy no puedo cuidar a los pequeños porque tengo la primera clase de Yoga desde que la profesora volviera de la India; mañana estoy más libre, si es lo mismo para ti".

O bien, cuando se trata de salir: "Tú necesitas ir todos los domingos a visitar a tus padres. Yo puedo acompañarte algunas veces. ¿Me acompañarías tú, de vez en cuando, a ver un espectáculo?".

Si la persona a quien te diriges en estos términos tiene ambición de poder, la primera reacción será de enojo. Si su furia no te intimida, entonces comenzará a buscar todas las maneras posibles de manipularte y necesitarás mantenerte firme. Pero si, por el contrario, a tu interlocutor no le interesa ese falso poder y no quiere imponerse, sino que solamente está acostumbrado a "hacer de las suyas", la reacción inicial puede ser de **asombro**, pues tu nueva manera de abordar el tema lo tomará por sorpresa. No solo no se enfadará, sino que la imagen devaluada que se ha forjado de ti se irá diluyendo, surgirá un nuevo respeto hacia tu autenticidad y, al final, tu pareja dejará de cargar el peso de tomar todas las decisiones, mientras tú te limitabas a ser su eco.

Cuando esto ocurra, habrás recuperado tu dignidad y tu valía, así como la experiencia gratificante de compartir a la par.

Capítulo 6

LA FALTA DE COMPRO-MISO

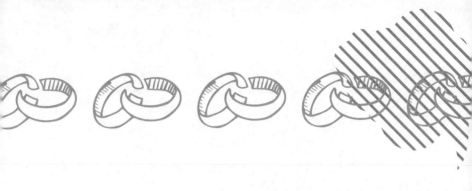

✖ Vivamos el **momento**

✖ No quiero **ataduras**

✖ No **apresuremos** la relación

✖ ¿Ahora me pides **definición**?

✖ **Así** estamos bien

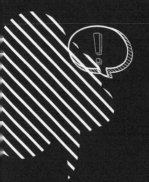

LO QUE DIGO Y LO QUE ME DIGO CUANDO ME EXIGEN COMPROMISO:
"NUNCA TE PROMETÍ NADA"

"¡Ay, amigas, no saben lo feliz que soy! ¡Ayer conocí a un hombre maravilloso!". Fernanda se dispone a relatar la historia de su última conquista y sus amigas entrecruzan miradas de preocupación. La narración no les resultará desconocida: la saben de memoria. Solo tendrá pequeñas variantes, como el color de los ojos o el tono

El deseo más ferviente de su grupo es que ella reconozca, de una vez por todas, lo que piensa, dice y hace cada vez que comienza una relación de pareja.

Hasta ese momento, Fernanda ignora que el anhelo de sus amigas será cumplido, ya que en el transcurso de este último encuentro, ella intentará comprender el guion no escrito que, inconsciente y mecánicamente, sigue al pie de la letra desde hace largo tiempo. La diferencia es que, esta vez, la vida le dará la espléndida oportunidad de tocar fondo.

Veamos cómo se desarrollan los acontecimientos hasta llegar a ese instante: en este momento, Fernanda sigue encandilada por la fantasía que comenzó a imaginar cuando posó su mirada sobre ese hombre retraído y discreto que desentonaba con el ambiente de excitación, típico de las reuniones de padres de la escuela de su hijo. Haciendo gala de sus artes de seducción, se acercó tímidamente, componiendo un personaje con características que –suponía– evitarían asustarlo. Él se sintió atraído por esa mujer hermosa y de tan bajo perfil; halagado por la atenta solicitud con la que lo escuchaba. Charlaron mucho y se siguieron viendo, compartiendo cada vez más, encontrando intereses comunes, disfrutando de la compañía mutua y modelando un principio de relación.

Con el correr del tiempo, las amigas de Fernanda serán testigos de los constantes esfuerzos de él por consolidar la pareja. Y, como siempre, Fernanda se rehusará a escuchar el desenlace anunciado, del cual tratan de prevenirla.

Una a una, las propuestas de ese hombre tan prometedor, se encuentran con dilaciones, tales como: "todavía es muy pronto para que se enteren de nuestra relación" o "Aún no es conveniente que pasemos un fin de semana de viaje, junto con nuestros hijos" (sin importar cuánto tiempo haya transcurrido desde el comienzo de la relación).

Ella insiste en hablar del mundo maravilloso que se presentará espontáneamente en un futuro indeterminado. Y, mientras tanto, "¿por qué no disfrutar de lo que tenemos hoy?".

Ante el desconcierto de él, comienza a darse cuenta de que lo que ella misma hace, inconscientemente, es dejar una puerta abierta, por si acaso…

"Me reprochan mi falta de compromiso y tienen razón, pero ¿por qué será que no quiero comprometerme, si todo va tan bien?".

Aparece la imagen de ella, muy pequeña, jugando con su madre. Y minutos más tarde, la desaparición de su madre y su mirada asustada buscando en todos los rincones, sin encontrarla. No se trataba de jugar a las escondidas, sino que mamá, en su estado de constante ansiedad, se iba a hacer otra cosa, sin avisarle o, como lo comprendió Fernanda ya de adulta, su madre no soportaba su llanto cuando tenía que salir y por eso elegía el método de irse en puntas de pié, creyendo que "ojos que no ven, corazón que no siente". En efecto, esto era indoloro para ella, pero en la criatura había quedado grabada una marca, resignificada más tarde, como abandono.

Aclaremos que en el juego arquetípico de las escondidas, tan antiguo y tan importante para el desarrollo del pequeño ser humano, está explícito que uno se va a esconder, para ser buscado y encontrado. El niño sabe que mamá desaparecerá y también sabe que podrá volver a reunirse con ella.

Por el contrario, en el modelo "mamá está/ mamá no está",

sin reglas de juego, se instala una relación psicológica "espasmódica", llena de angustia y desconcierto. Desde esa impronta, su psiquis generó un malentendido que modeló su conducta adulta: si la pareja "libre y abierta" se consolida en una estructura contenedora y estable, el peligro es que ese hombre, aparentemente incondicional, se ausente, desapareciendo al estilo de la mamá de su experiencia infantil. "Si yo controlo la ausencia, teniendo la libertad de estar o no estar, de aparecer o desaparecer, me quedo tranquila". Esa es la creencia inconsciente de Fernanda. Pero esta "tranquilidad" ya no le sirve, porque se convierte en lo contrario. Se da cuenta de que muchas veces en su vida, se ha quedado "tranquila" y sola.

A diferencia de los otros encuentros, reconoce que este hombre le está ofreciendo una espesa red de contención, dentro de una estructura afectiva sólida, una comunión de intereses y un proyecto de vida compartido serio, adulto y responsable. Si se anima a dar ese salto, lejos de caer al vacío, será recibida por un par de brazos cariñosos que le piden, ni más ni menos que lo que están dispuestos a dar.

Poco a poco, aumentando gradualmente la frecuencia del encuentro y la intensidad del contacto, va perdiendo el miedo y al comprobar que, cada vez que mira alrededor él está, se da cuenta de que ya se encuentra en condiciones de decir, sin dudas ni objeciones, "¡sí, quiero!".

Cuántas veces has escuchado o dicho lo siguiente:

"Todavía me falta resolver algunos temas",
"Necesitamos que la relación madure",
"No quiero compromisos".

Para estas personas el "compromiso" tiene connotaciones negativas y debe evitarse a toda costa. En su fantasía, quien se compromete siente que tiene solo dos alternativas: la de entrar voluntariamente en una cárcel de la cual no va a poder escapar, o la de necesitar tanto lo que la relación le brinda, que no cree que pueda soportar un abandono.

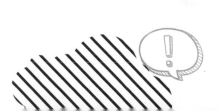

Diferencia entre lo que digo y las señales que envío

Las excusas abundan, lo mismo que las justificaciones: "es demasiado pronto", "ya es tarde", "defiendo mi libertad", "de esta manera estamos bien". Pero si bien hablo con absoluta convicción, lo cierto es que mis acciones desmienten mis palabras. Poco importa que me haya comportado como la persona más devota, buena compañera, amorosa y gentil, pues la excusa "nunca te prometí nada", se impone.

Entre los medios que tiene el ser humano para definir su postura se encuentran el "sí" y el "no". Hay que decir que esta facultad de elegir es la raíz del libre albedrío. Si realmente "estamos condenados a la libertad", como postulaba el filósofo francés Jean-Paul Sartre, la humanidad ha encontrado un recurso insuperable: la ambivalencia.

Muchos de aquellos que evitan definir su posición montan una puesta en escena que representa, por un lado, un "juntos hasta que la muerte nos separe", aunque por otro lado sus palabras expresan un "no, nunca, por ahora no". De este modo, ocurre que no hay coherencia entre el pensamiento, la palabra y el comportamiento, pues este último se inclina por el "sí", la palabra hace explícito

No hay coherencia entre el pensamiento, la palabra y el comportamiento.

el "no" y el pensamiento es indescifrable. Es el pensamiento el que deberá hacerse visible para que la persona que atormenta y se atormenta con la indefinición pueda descubrir su error de percepción y transforme su prejuicio.

La seducción como promesa, la ilusión como dependencia

El error de percepción se genera a partir de un acuerdo inconsciente entre quien envía las señales equívocas y quien las recibe y las acepta. En este caso, la seducción juega un papel fundamental y despliega una actitud que favorece el encuentro, pero se ve distorsionada y se convierte en un señuelo tan atractivo como letal.

El pavo real deslumbra con su abanico de plumas de colores; lo que muestra es verdadero porque es propio de su especie, es decir, le corresponde. Pero quien usa la seducción como anzuelo necesita adornar su imagen, exagerar sus atributos positivos y ocultar lo que considera reprobable. Como en la pesca con mosca, solo hace falta que alguien se sienta irresistiblemente atraído por ese anzuelo para que se ponga en juego una fantasía en la cual una de las partes ofrece brindar una "eterna felicidad" y el otro se entrega para compartir "el paraíso". Este acuerdo no es explícito, es tácito y ocurre a nivel inconsciente. El hecho es que si accediera a la conciencia, ambas partes podrían reconocer la enorme ilusión en la que se basa.

Con el correr de los días el "vivamos esta experiencia lejos del mundo real, donde tú eres para mí y yo soy para ti y no necesitamos nada más", se convierte en "vivamos el momento", haciendo que el tiempo se estire de un instante a otro. Pero apenas aparezca un primer desconcierto, surgirá una tímida demanda: "¿Cómo puede ser que estando tan bien juntos, no podamos pasar a la siguiente etapa?". A esto le seguirán distintas respuestas: "En verdad no puedo vivir sin ti, pero el compromiso me asusta. Tal vez más adelante", o sus variaciones, "cuando me separe", "cuando mis hijos crezcan", "cuando termine la carrera", "cuando mis padres ya no estén", entre otras excusas.

Una de las dos partes, cual mago, saca del sombrero propuestas vagas e indeterminadas. La otra parte las acepta, primero con una espera ilusionada, luego a regañadientes, más tarde con resignación y, finalmente, con rabia. Y durante todo este proceso, ambos quedan exhaustos, pues uno se esfuerza por aumentar la apuesta de la seducción y el otro se traga los anzuelos, sin animarse a esclarecer la situación o a poner límites. Esta estructura puede instalarse durante mucho tiempo, hasta que el hechizo se rompe y queda al descubierto el temor al compromiso que ha generado la interminable sucesión de excusas.

Desarmando la excusa: la libertad bien entendida

Detrás de frases como "no quiero ataduras" o "no quiero perder mi libertad", hay un concepto erróneo, cuya lógica es "soy libre si hago lo que quiero, sin límites ni restricciones". Pero la conquista de la verdadera libertad debe dejar atrás ese malentendido, pues se trata de un concepto adolescente, inmaduro y sin criterio de realidad. En este contexto, la palabra compromiso se traduce en seguida como grilletes y mordaza. El amor "encadena", o si me comprometo, pierdo mi libertad.

Es cierto que en la visión histórica de los últimos siglos, el matrimonio ha sido una especie de corsé y un cinturón de castidad para la mujer, mientras se toleran algunos desahogos ocasionales para el hombre, siempre y cuando cumpla con sus obligaciones de proveedor. Creemos, por otro lado, que ya entrados en el siglo XXI hay opciones más saludables, felices e integrales, en las cuales la libertad y la responsabilidad van de la mano.

Una de las dos partes, **cual mago,** saca del sombrero propuestas vagas e indeterminadas.

Pero primero busquemos entender el origen de esta fobia a comprometerse. Es posible que la persona que rechaza el compromiso haya crecido en un ambiente de tal posesividad, tan intrusivo y falto de privacidad, que provocó en él o ella una suerte de alergia emocional a todo lo que limita, priva o sujeta. Aunque pudo haber ocurrido lo contrario y quizá en su vida existieron límites tan laxos y desdibujados que terminaron por transformar el no-compromiso en un estilo de vida.

En este caso preciso, como lo muestra Fernanda, el malentendido tiene que ver con el extremo opuesto del exceso de posesividad, ya que, en vez de aferrar y retener, la persona deja ir y, como el marinero que suelta las amarras, se va desprendiendo para evitar todo tipo de ataduras, mientras pierde la posibilidad de llegar a un puerto seguro.

En la mayoría de los casos, la persona que pone el punto final a la espera interminable se convierte en el motor del cambio. Ella o él por fin se cansaron de perseguir un horizonte que, por definición, es inalcanzable y está siempre más allá. Esto será un duro revés para quien no ha querido comprometerse, ya que ahora se enfrenta a una pérdida real y evidente. De este modo, queda flotando en el vacío, como un astronauta desconectado del cable que lo unía a la cápsula espacial.

Si quien huye se anima a darse cuenta de que su constante negativa ha malogrado una

El primer paso será revisar sus creencias erróneas, sobre todo la identificación del compromiso con la **esclavitud**.

relación rica en oportunidades, tendrá un poderoso estímulo para explorar las motivaciones reales que lo llevaron hasta el punto de la pérdida.

El primer paso será revisar sus creencias erróneas, sobre todo la identificación del compromiso con la esclavitud. De esta forma, quizá descubra que el temor de quedar irremediablemente atrapado tiene que ver, en especial, con su historia.

Al darse cuenta de que es presa de su pasado, la persona puede sentirse en mejores condiciones para elegir nuevas maneras de vincularse y de **construir con el otro** un estilo de convivencia maduro, con acuerdos que garanticen el grado de libertad que cada uno requiere.

CONSTRUIR UN VÍNCULO VIRTUOSO

Si tu vida ha estado regida por el "no te prometí nada" y te sientes identificado/a con la historia de Fernanda, tal vez sea el momento oportuno para **dejar de huir**, detenerte y hacerte preguntas que te liberen de la trampa en la que has caído.

Si, en cambio eres de los que persiguen a la persona "fugitiva", podrás concluir que con la posesividad y el acoso no consigues nada; que estos métodos son totalmente contraproducentes y que, en realidad, solo generan enojo y frustración.

1. IDENTIFICA TUS PENSAMIENTOS

- Si hasta ahora has pensado que compromiso es igual a obligación, sometimiento y esclavitud, ¿puedes reconocer tu identificación con algún modelo familiar que transmitiera ese malentendido? ¿Qué te pasa cuando sientes que no tienes obligación de seguirlo?

- Si descubriste que tu miedo al compromiso encubre el temor a que te abandonen, ¿puedes pensar en alguna característica tuya que pueda, consciente o inconscientemente, "ahuyentar" a tu pareja? ¿Cuál sería ese rasgo? ¿Piensas que es fácil o difícil de erradicar?

2. ELIGE TUS PALABRAS

- Si ese rasgo que descubriste lo tuviera algún amigo o amiga tuya, ¿con qué palabras le explicarías lo que le pasa y que tal vez esté arriesgando una buena oportunidad de ser feliz?

- En la ecuación "compromiso es igual a obligación", ¿qué términos usarías para salir del malentendido? Algunas sugerencias para reemplazar "obligación" podrían ser: acuerdo, alianza, o dar y recibir por igual.

- En la fórmula "compromiso es igual a dependencia (con miedo al abandono)", ¿qué te dirías para hacer crecer tu autoestima?

- Trata de encontrar lo que mejor describa aquello que deseas en un vínculo.

3. PRACTICA TUS ACCIONES

- Para dejar de temer, no hay mejor antídoto que ir probando muy cautamente nuevos patrones de relación, con ensayos de convivencia graduales (un fin de semana, un viaje corto, vacaciones). En esas ocasiones, pregúntate si hay algo que se repite, tanto si es agradable como si es conflictivo. Esos serán los puntos salientes para comprender. Una clave básica para acompañar la transformación será cultivar y reforzar la confianza, tanto en ti como en la persona que te eligió y a quien has elegido.

Si la base es el acompañamiento amoroso y la búsqueda de momentos felices, los conflictos serán como las sustancias que fertilizan la tierra, haciéndola florecer.

NO NECESITO LA EXCUSA

Tras darse cuenta de su situación, la persona que se escuda detrás del "nunca te prometí nada, no quiero un compromiso", deja atrás esta excusa y la sustituye por "busquemos maneras de compartir la vida juntos, sin que yo pierda mis espacios de libertad ni tú los tuyos".

La dicotomía esclavitud–abandono será comprendida y superada.

"Ahora, cuando llega el momento de separarnos, resisto el deseo de prolongar el contacto con cualquier excusa, recuerdo que el tiempo y la distancia alimentan el deseo y lo hacen crecer, y me contento anticipando el momento en el que nos volveremos a encontrar, que puede ser el día, la semana o el mes siguiente. Así voy ejercitando **tolerancia a la frustración** en los pequeños intervalos, para estar preparado/a cuando él (o ella) tenga que viajar por trabajo; o visitar a sus hijos que viven lejos, o participar en un retiro de fin de semana".

Como es natural, habrá zonas de encuentro con el otro y zonas propias en las que el otro no participará. Por ejemplo, la educación de los hijos nos corresponde a los dos, pero la reunión semanal con mis amigos es sagrada, y tú tienes el mismo derecho con tus amigas. O bien, acuerdo contigo compartir el dinero de los ingresos en partes iguales, o alternar los pagos, siempre y cuando nos beneficie a los dos. De este modo, nos sostenemos mutuamente, te consulto y me consultas, te doy y te pido.

Al final, descubro que **mi libertad** termina donde comienza la tuya y dejo de sentir esto como un impedimento. De la misma manera reconozco que tu libertad tiene un límite donde empieza la mía. Poco a poco me voy dando cuenta de que esa es una manera muy saludable y relajada de vivir.

Así, el prejuicio se derrumba definitivamente y las "ataduras" terminan por convertirse en la bendición de compartir.

Capítulo **7**

LA MIRADA DEL OTRO

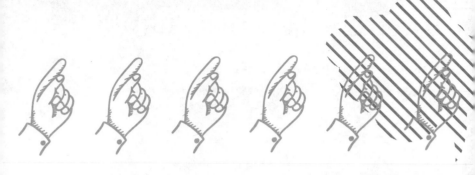

✖ Lo que es bueno para mí es **bueno para ti**

✖ Ya comprenderás que esto **es lo mejor**

✖ Debes ser **igual a mí**

✖ No sabes lo que **te conviene**

✖ Eres muy joven para **darte cuenta**

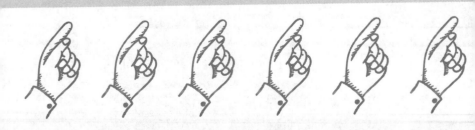

LO QUE DIGO Y LO QUE ME DIGO AL TOMAR DECISIONES QUE LE CORRESPONDEN A OTRO: "LO HAGO POR TU BIEN"

Guillermo acaba de dejar a su hija hablando sola, luego de cortar abruptamente una discusión en la que llevaba las de perder (situación a la cual no estaba acostumbrado).

Se separó de su mujer cuando su única hija tenía cinco años. Siempre fue un padre presente, muy presente, aún cuando la hija se quedó viviendo con su madre. La **influencia** de él se sintió desde la misma elección de la escuela primaria

De nada valieron las súplicas de su exesposa, ni sus argumentos sensatos cuando propuso una escuela pública de muy buen nivel que quedaba a dos cuadras de la casa en la que ambas vivían. Guillermo fue terminante: la niña iría a la misma escuela religiosa que le había brindado a él la educación en los valores que rigen inflexiblemente su vida. ¡Y lo agradecido que está!...

Lo que fue bueno para él necesariamente tiene que serlo para su más preciado bien, su hija. "¡Mi hija –dice– seguirá mis pasos y será lo que yo quiero que sea! ¿Hay algo mejor que allanarle el camino hacia el éxito?".

Y así fue. La niña se convirtió en adolescente mientras transitaba las huellas de su padre, pero fue desarrollando miradas y actitudes muy distintas. No ocurrió lo mismo durante sus años de infancia, en los que fue dócil, complaciente y respetuosa. En realidad, funcionaba en base a premios y recompensas fuera de toda magnitud, como bienes materiales muy costosos, viajes o vacaciones en lugares de lujo.

A medida que crecía iba dejando de aceptar valores que no tenían que ver con ella.

Los dos últimos años fueron un infierno para ella y para su padre, quien no entendía razones: "¡Papá, siento que esto no es lo mío. No discuto que para ti haya sido valioso y formativo, pero yo soy otra persona! ¡¿Cómo no lo puedes entender?!".
A Guillermo le quedó grabada esta última frase después de que cortara la áspera discusión y se fuera furioso. Resonaba, más que el enojo, el dolor de sentirse incomprendida más allá de toda lógica. Y experimentó una mezcla de sentimientos hasta entonces desconocida: angustia y miedo, sobre todo, el terror de perder a su hija.

Pronto tuvo motivos concretos para temer que su fantasía se convirtiera en realidad. Pocos días después de esta discusión que los mantuvo distanciados, la hija comenzó a tener síntomas alarmantes: no comía, no quería levantarse de la cama; se descomponía en la escuela y tenían que mandarla de vuelta a su casa. Su mirada estaba vacía. Había perdido la alegría de vivir.

El mundo de Guillermo se iba derrumbando a la par del ánimo de su hija. Sus convicciones blindadas ya habían dejado de ser a prueba de balas. Los acontecimientos de la vida habían logrado penetrar su coraza de reglas dogmáticas y se abrían paso como proyectiles que impactaban en su corazón. Y, por primera vez, Guillermo escuchó a su corazón, el cual, como sede de la verdad, tuvo el poder de borrar todas sus excusas: "Yo le di todo lo mejor", decía. Y su corazón acotaba: "Lo mejor para ti, que no necesariamente era lo mejor para ella". "¿Así me paga todo lo que hice por ella?", reclamaba. Y el corazón dulcemente corregía: "Los hijos no están obligados a pagar por lo que se les da. El agradecimiento es suficiente. En todo caso, la deuda se cancelará cuando se conviertan en padres. Entonces darán a sus hijos lo mejor que saben y pueden". "Pero entonces, —exclamó Guillermo—, ¡El problema está en que yo no sabía lo que estoy tratando de comprender ahora!". El corazón se alegra y se aliviana: "¡Por ahí vamos bien, muy bien. Intenta seguir dudando, cuestionando, reconociendo tus errores con la intención de corregirlos para encontrarte con la verdad!".

Junto con la caída del dogmatismo se produce un giro en la vida de Guillermo: su hija dejará de ser para él un recipiente vacío y neutro que debe llenarse con la ideología "correcta" según sus creencias y su tabla de valores, para ser una persona a la cual necesita descubrir.

El premio no tardará en llegar: su hija comienza a acercarse con más confianza en la medida en que ve los esfuerzos de su padre por ablandar sus rigideces y por abrirse a escucharla. Y entre ambos, tejerán una nueva relación, más humana, más abierta y más feliz.

Imagina las siguientes escenas:

—Mamá, ¿viste los libros que traje ayer de la biblioteca? —pregunta la hija, estudiante de secundaria.

La madre responde con **autoridad**:

—No creo que sea bueno que te intereses en esa clase de literatura. Esta mañana los devolví —Y ante el desagrado de su hija, agrega— No me mires así. ¡Lo hago por tu bien!

Ahora imagina una situación similar, en la que un padre enfrenta a su hijo rebelde:

—He pensado que lo mejor para que aprendas la disciplina y formes tu carácter es que entres a la carrera militar. Así que te aviso que acabo de inscribirte en el colegio militar.

En los ejemplos anteriores, los padres tienen la creencia y sostienen que saben a ciencia cierta lo que sus hijos adolescentes necesitan. Esta suposición se desprende de una premisa que no admite dudas: "lo que es bueno para mí es bueno para ti". Y esto después se refuerza y justifica al señalar la buena intención detrás del acto.

La persona que lleva a la práctica esta idea está convencida de que la felicidad de su hijo, alumno o amigo está en sus manos. Esto la hace buscar imponer su visión, que es el único camino que considera adecuado.

La única verdad

Apoyado en esta falsa certeza, mi interpretación de la verdad se transforma en "tengo la única verdad".

Si bien esto ocurre en la vida cotidiana de una persona, podemos encontrar ecos de esta actitud en la sociedad. Por ejemplo, sabemos que la humanidad reconoce el bien, la verdad y la justicia como valores esenciales, pero si estos se vuelven absolutos según la visión de un pueblo, un grupo o una creencia, se corre el grave riesgo de abrirle paso al **fundamentalismo** y a la intolerancia.

Tengamos en cuenta que a lo largo de la historia se han escrito numerosas páginas negras en nombre de "la única verdad", y en la época actual todavía sufrimos los dolorosos efectos de esta distorsión.

Por otra parte, si hablamos de buenas intenciones, basta recordar el proverbio "el camino al infierno está empedrado con buenas intenciones", para darnos cuenta de que estas son insuficientes frente a la realidad. Por el contrario, una acción integral se compone de pensamiento, emoción y voluntad, en partes iguales.

Una emoción sin pensamiento es ciega; un pensamiento sin acción es estéril; una acción sin pensamiento es peligrosa. Quien está cegado por el odio actúa de forma irracional. El que sueña despierto no concreta y, por lo tanto, no obtiene frutos. Quien actúa sin tomar en cuenta las consecuencias de sus actos, puede dañar a los demás.

En los ejemplos que presentamos al inicio, la madre siente que su intención es la correcta y la pone en marcha al devolver los libros, y en el caso del padre, inscribe al hijo en el colegio militar sin haberlo consultado antes. Ninguno de los dos se detuvo a reflexionar ni a discutir opciones.

Al final, cuando el pensamiento está ausente, la decisión resulta arbitraria: "lo hago porque te amo, y no se hable más".

Una acción integral se compone de **pensamiento, emoción y voluntad,** en partes iguales.

A mi imagen y semejanza

Debemos señalar una diferencia entre desear el bien del otro e imponer lo que uno cree que es lo mejor.

Es cierto que en la infancia y la adolescencia, los padres y los maestros encargados de la crianza y la educación establecen reglas y pautas para que los jóvenes se conviertan en adultos responsables.

De este modo, permiten o prohíben, eligen por ellos, ofrecen modelos y ponen límites. Los forman con ciertos parámetros.

Sin embargo, en el tema que nos incumbe y que analizamos, los padres del ejemplo asumen que sus hijos son prolongaciones de ellos mismos y de sus propios deseos.

Hay una escena muy común que ilustra esta disposición a poner en el otro mis propias expectativas.

Imaginemos una reunión familiar alrededor de la cuna del recién nacido. Es frecuente oír que los parientes expresen: "Aquí tenemos al futuro Premio Nobel" o "Bella como su madre, la pequeña Miss Universo", o incluso, "Esta criatura será lo que yo no pude ser" o "Seguramente se encargará de continuar mi obra".

Es probable que estos padres o educadores tuvieran que amoldarse, en su propia infancia, a un camino que ellos no eligieron y tampoco cuestionaron. Por el contrario, decidieron tomarlo como modelo y a partir de él continuar "corrigiendo" las inclinaciones de sus hijos.

Un ejemplo elocuente y dramático tenía lugar todavía hace poco tiempo, cuando se obligaba a los niños zurdos a usar la mano derecha y, como consecuencia, muchos terminaban mostrando signos de tartamudez.

Sabemos que desde los primeros años de vida se manifiesta lo particular de cada ser humano, sin embargo, muchas veces el adulto teme lo que se aparta demasiado de su manera de ver la vida. Así, hay quienes dicen: "En mi familia, desde mis bisabuelos, todos los

El adulto teme lo que se **aparta** demasiado de su manera de ver la vida.

varones son abogados y este niño se la pasa todo el tiempo dibujando. ¡Es inadmisible!".

Queda claro que al niño le costará adaptarse a este escenario adverso y que la dificultad será aún mayor cuanto más grande sea la presión para apartarlo de sus verdaderos deseos e inclinaciones.

Más adelante, en la adolescencia, si los rasgos contrarios a los deseos de los padres resultan todavía más marcados, se producirá una crisis en el sistema familiar.

Desarmando la excusa: hijos de la vida

El adulto necesita usar su pensamiento reflexivo y su capacidad de discriminación para resolver crisis como las que suelen presentarse en la adolescencia de los hijos.

Puede que al sentirse entre la espada y la pared, el padre reaccione ante el clima de hostilidad, la tensión y las permanentes disputas, y surjan dudas que lo lleven a comprobar que, en realidad, desconoce lo que su hijo necesita y que, en el fondo, no le pertenece.

Cuando esto sucede, el padre tiene la oportunidad de comenzar a cuestionarse sus viejas creencias y **suposiciones**, a la par que despierta su interés por conocer las inclinaciones y los gustos de sus hijos.

Con esta nueva apertura, es posible que día tras día encuentre reveladoras sorpresas. Puede ver cómo cada vez que suena cierta canción, su niña se pone a bailar.

De este modo, el padre recordará con ternura cuando su hija dio sus primeros pasos y cómo después empezó a seguir el ritmo de una melodía que sonaba en la televisión. Otro padre también puede comentar con orgullo: "Mi hijo me acompaña al supermercado y le fascina hacer las cuentas de lo que compramos".

En estos casos, los padres quizá se den cuenta, por primera vez, de que en estas escenas hay una **incipiente vocación** y lo mejor que pueden hacer por sus hijos es apoyarlos y darles las herramientas necesarias para desarrollarse en ese sentido.

Tal vez resulte más difícil cuando lo que muestran está muy alejado de la esfera de intereses de los padres, y ahí se presenta un desafío que tiene que ver con ampliar la conciencia, para incorporar lo distinto, lo diferente, lo original del hijo (o de la persona que uno está tratando de "reformar").

Un padre puede ser fanático de la actividad deportiva y ver que su hijo disfruta quedándose en casa, leyendo y escribiendo. Lo hace socio de un club y, al poco tiempo, se entera de que su hijo se incorporó al departamento de cultura para participar en talleres y debates literarios.

Una madre disfruta saliendo de compras al shopping, mientras su hija participa de marchas que piden reivindicaciones sociales.

En la vida a veces se dan esas polarizaciones extremas, que presentan dificultades fuera de lo común.

Que sea difícil no significa que sea imposible. Más aún, las satisfacciones que brindan estos esfuerzos son más intensas y significativas en la medida en que demandaron mayor apertura de conciencia.

Son excelentes oportunidades para explorar los puntos medios.

En realidad, desconoce lo que su hijo **necesita**.

BUENO PARA TI, BUENO PARA MÍ

Tal vez la historia de Guillermo tenga puntos de contacto con tu propia historia. No dudamos en absoluto de tu buena intención, ni la de tus padres, pareja o amigos en el sentido de que todos quieren lo mejor para el semejante.

Te proponemos usar este espacio de reflexión para comprender la enorme diferencia que hay entre "semejante" e "idéntico". Un semejante es alguien parecido, con alguna afinidad, con rasgos comunes con otro. Idéntico solo puede ser un clon. **Comprender y transformar** ese malentendido te apartará de toda confusión.

1. IDENTIFICA TUS PENSAMIENTOS

- Si te descubres queriendo que el otro haga lo que te parece mejor para él/ ella, ¿Puedes darte cuenta con qué intensidad lo deseas? Si la persona no está de acuerdo, ¿crees que es cosa de vida o muerte que siga tu consejo? ¿Sabes que le sería beneficioso e insistes en proponérselo? ¿Piensas que la tuya es una buena idea, pero que hay otras opciones? ¿Dudas en tener la razón? ¿Dejas de tratar de convencerlo/a?

- Si partes del convencimiento absoluto de que lo que crees es la única verdad, ¿Te sientes superior, o consideras que sabes mucho, que sabes más o que lo sabes todo? ¿Te aferras a esta creencia para aumentar tu autoestima o para obtener seguridad? Si no es ninguna de ellas, ¿cuál crees que es el beneficio para ti?

2. ELIGE TUS PALABRAS

- Si eres de aquellos que empiezan la frase diciendo "¡tienes que!" o "lo que pasa es que", ¿se te ocurre con qué expresiones podrías reemplazar esas palabras? Por ejemplo, las que no impliquen obligación, o que no exhiban una supuesta sabiduría superior, como "¿Qué te parece si…?" o "¿Has pensado que quizás…?" o "Te propongo algo".

- Cuando encuentres una expresión propia y la ensayes primero frente al espejo y luego, en el siguiente paso, con el otro, verificarás que lo que dices y cómo lo dices harán la gran diferencia.

3. PRACTICA TUS ACCIONES

- Elige primero una situación en la que alguien te está pidiendo tu opinión sobre un asunto que no logra resolver. Intenta usar alguna de las expresiones que has descubierto en tu análisis anterior. ¿Cuál es el resultado?

- Intenta ahora hablarle a alguien que no te ha pedido consejo, pero que crees que podría estar en un error. Tal vez necesites refinar tu lenguaje a la manera de, por ejemplo: "¿Qué te parece, si en vez de esto hicieras esto otro?" o bien: "Sinceramente, ¿te interesa mi opinión?".

La prueba de fuego llegará cuando la otra persona te dé su respuesta. Si eres capaz de respetar un "no, gracias, prefiero mi punto de vista" y pasar a otro tema sin sentirte mal ni ofenderte, ¡felicitaciones, te has graduado con honores!

Al aceptar que la otra persona es distinta, poco a poco el discurso cerrado se va debilitando y da paso a la comunicación y al diálogo. Me sorprendo al comprobar que estos eran prácticamente inexistentes y me voy dando cuenta de que de ahora en adelante comenzarán a desarrollarse y a enriquecerse en la medida en la que se siga dejando la puerta abierta.

Para que esta propuesta crezca es necesario que ponga entre paréntesis mi supuesta verdad, que me disponga a escuchar y que suspenda el juicio y la crítica por algún tiempo. Como consecuencia, dejaré de sentir la presión de tener que convencer al otro. No necesitaré **enfrentarlo**, ni me esforzaré para encontrar los argumentos que me den la razón.

Solo así podré disfrutar del intercambio de ideas y asombrarme ante la variedad de opiniones y formas de ser de los que me rodean.

Paradójicamente, al abrir este espacio para que entren otras verdades, lo que hago es agrandar mi verdad, ampliar mi mirada, descubrir nuevos horizontes que estaban más allá del muro que levantaba mi propia obstinación en creer que mi verdad era la única.

En el plano familiar, este cambio de actitud me dará la oportunidad de escuchar cómo mi hijo describe con entusiasmo la carrera que eligió libremente y, por primera vez, alegrarme por poder compartir su alegría. Incluso, esta emoción compartida puede ayudarme a encender **mi propio deseo** de llevar a la práctica algún viejo proyecto que tenía olvidado. Centro mi atención en lo que fue alguna vez un profundo anhelo y me decido a desempolvarlo.

Al final, me sorprendo cuando compruebo que al dejar de preocuparme por el "bien" del otro, empiezo a pensar en mi propio bienestar y en ocuparme de lo que me quedó pendiente. Dejo en libertad al otro para que siga su camino y yo retomo el mío en el preciso lugar en el que lo dejé. ¡Enorme ganancia para ambos!

Capítulo 8

POSPONER
INDEFINIDAMENTE

◀◀◀◀

Apenas cobre pago las cuentas

En **las vacaciones** hago el chequeo médico

El lunes retomo la dieta

El **fin de semana** estudio

Mañana comienzo el gimnasio

LO QUE DIGO Y LO QUE ME DIGO CUANDO ME REPROCHAN POR NO CUMPLIR MI PALABRA: "MAÑANA EMPIEZO"

Algunas personas consideran que Hilda es una mujer insegura; otros la definen como indecisa, otros más como incumplidora. Nadie apuesta a que cumpla sus propósitos en tiempo y forma. "¡Por favor, discúlpame, no te pude traer el postre que te prometí! ¡Mañana, sin falta, lo tendrás!", asegura. A menudo, el enojo inicial de la otra persona cede y se convierte en "voy a darte una nueva oportunidad", a la que le sigue la nueva frustración.

Luego de años de postergaciones, Hilda siente que ha llegado a un punto sin retorno. El dilema que necesita resolver esta vez, compromete su futuro próximo: le han ofrecido un puesto en una filial de la empresa en la que trabaja, con sede en ¡Australia! Ella ha nacido y vivido siempre en Sudamérica y cuando viajó lo hizo en plan de turismo o de vacaciones.

Apenas recibió la propuesta, se entusiasmó y ya se vio aprendiendo e incorporando nuevas herramientas de trabajo, interactuando con gente de una cultura y hasta un idioma distinto, desarrollándose y ampliando sus posibilidades en una tierra tan lejana. Abrió la boca para aceptar el ofrecimiento, pero sintió un nudo en la garganta y otro nudo en la boca del estómago, que la dejaron casi sin palabras. Lo único que atinó a susurrar fue un: "por favor, déjemelo pensar; ¿les puedo responder mañana?".

Y se odió a sí misma cuando pensó que estaba desaprovechando una oportunidad única. Amargamente, se recriminó: "¡¿A ver si la pierdo por mi indecisión!?".

Al día siguiente seguía luchando con su dilema. Entonces pensó que debía tomar distancia, para reconocer qué parte de ella quería tomar impulso y cuál era la que la frenaba. Comenzó preguntándole a la primera por qué le entusiasmaba tanto la posibilidad de irse y se dispuso a escuchar las razones. Se dio cuenta de que hacía varios años que estaba estancada y que ese viaje podía darle un gran giro a su carrera. Entonces, con esa idea bien clara, intentó conocer las razones que la habían detenido. "Me cuesta mucho separarme de mi familia y de mis amigos", fue la respuesta instantánea.

El próximo paso fue permitir que ambas partes dialogaran y encontraran puntos de encuentro: "si tú estás de acuerdo en ayudarme en mi crecimiento, me comprometo a poner tiempo y dinero de mi trabajo para que puedas viajar a ver a tus seres queridos", dijo una. Y la otra parte respondió: "si sé que puedo volver cada tanto, se calma mi ansiedad. Y además, me doy cuenta de que puedo usar todos los medios de comunicación que acortan las distancias. Podré madurar profesionalmente y también en el terreno emocional". Hilda logró llegar a una decisión que abrió un nuevo capítulo en su vida.

"**Mañana empiezo** la dieta", "A partir de mañana, **llegaré** puntualmente", "Mañana, **sin falta**, hablo con mis hermanos y aclaramos esos temas de herencia".

Cuando nos sentimos culpables por haber incumplido un acuerdo, disfrazamos esa culpa adoptando un tono serio y nos excusamos. Podemos tener una multitud de propósitos, una intención clara y dar por sentado que lo cumpliremos. Pero cuando llega mañana, suele ocurrir que "En realidad no tiene sentido comenzar en viernes, mejor empiezo el lunes", "no es el momento oportuno", o "se me voló el tiempo, ya es tarde para hacer el llamado". Todo "queda para mañana".

Lo que no ocurre hoy sucederá mágicamente en el futuro

Con el recurso de la postergación calmo mi ansiedad y tranquilizo al otro: "Sí, lo voy a hacer", "Estoy de acuerdo en todo". De esta forma no hay dudas ni fisuras, o por lo menos eso es lo que se muestra.

Parece mentira que sigamos creyendo que lo que postergamos indefinidamente se va a cumplir en algún momento. La realidad, sin embargo, no tarda mucho en **desmentir** esta creencia.

Si reconocemos el tiempo de verbo que usamos para referirnos a esta operación de nuestra psiquis, nos damos cuenta de que hay una diferencia abismal entre "lo haré" y "lo hago", pues esta última es una acción y la primera, una promesa.

Analicemos la diferencia entre ambas: la promesa se apoya en un pensamiento, en una creencia. El resultado final se manifiesta solamente en la imaginación. No tiene sustancia. Es una realidad virtual, es decir, es una ilusión. Siento que el deseo de que suceda es tan fuerte y creo que mi intención es tan firme que, por el solo hecho de prometerlo, no habrá nada que impida su concreción.

Lo que en verdad sucede es muy semejante al fenómeno del espejismo en el desierto.

Cuando uno se inclina y ahueca las manos para recoger esa agua tan anhelada, siente que lo que se escurre entre los dedos es solamente arena.

Y uno siente la misma amarga decepción que cuando ha faltado a su promesa, porque el "mañana, sin falta" se revela como una excusa patética.

Por el contrario, la acción tiene peso, volumen y trascendencia; es un hecho, es visible, concreto e incuestionable. Y permanece como testimonio de que algo se ha materializado y está allí, sin cuestionamientos.

La promesa como un propósito trasladado al futuro, como una expresión de deseos, puede cambiar, diluirse, olvidarse. Tiene la misma naturaleza que el clavel del aire, cuyas raíces no encuentran tierra para afirmarse. Como reza el dicho: "a las palabras se las lleva el viento"; ¿Cómo se explican, si no, tantas promesas incumplidas? ¿Cómo es que pueden seguir existiendo las propuestas demagógicas? Más allá de estas reflexiones filosóficas, lo cierto es que el "mañana…" se presta a algunas trampas en las que cae la psiquis humana, malentendidos que trataremos de desenredar en las secciones siguientes.

Hay una diferencia abismal entre **"lo haré"** y **"lo hago"**.

¿Miento o me engaño?

Cuando usamos la excusa del postergar para mañana, a la que pomposamente llamamos procrastinación, estamos atrapados en un error de percepción que nada tiene que ver con una serie de distintas categorías del engaño.

Es muy importante discernir dentro de esas instancias una diferencia que tiene que ver específicamente, con las intenciones.

En el postergar como excusa, tenemos toda la intención de cumplir. Más tarde nos convenceremos de que el universo ha conspirado para que no podamos hacerlo y seguiremos prometiendo con la misma intención; ¡esta vez sí!

Lo que sucede también es que si no logramos cumplir nuestra promesa sentimos pena, o vergüenza o culpa y estos sentimientos no desaparecen, nos atormentan.

Muy distinto es el caso de la mentira. Cuando mentimos, lo hacemos sabiendo que no tenemos la menor intención de cumplir. Se trata de salir del paso. Y lo que prevalentemente sentimos es miedo a ser descubiertos.

En cambio, si de buena fe creemos que vamos a hacer en un futuro cercano lo que no hemos logrado hasta ahora, lo que nos pasa es que nos estamos autoengañando.

Una parte de nosotros quiere cumplir y está segura de que va a poder hacerlo. El error es no advertir que en nuestro interior existe otra parte

Una parte de nosotros quiere **cumplir** y está segura de que va a poder hacerlo.

que tiene necesidades, creencias, propósitos, **cursos de acción** e intereses diferentes, a veces opuestos o contradictorios. Lo anterior nos indica que, de entrada, hay que comprender que los seres humanos somos complejos por definición. En ciertas situaciones de la vida, una de las partes quiere llevar la batuta de todo el conjunto, sin tener en cuenta que la otra parte ha propuesto hasta ese momento un estilo de vida diferente. "¡Prometo que desde mañana voy a asistir a cuanta reunión social me propongan, ya que me cuesta expresar mi opinión delante de gente que no conozco!". Y entonces, ¿cómo es que termino yendo a meditar al parque para luego continuar leyendo ese libro que empecé hace unos días?". Así es que me digo, con absoluta convicción: "¡empiezo mañana!"

Desarmando la excusa: soy mi mejor árbitro

El camino para evitar engañarnos con falsos propósitos tiene varias estaciones y pasos a seguir.

Comenzamos por reconocer que en una persona existen dos partes con diferentes características que en determinado momento, chocan.

Necesitamos, entonces, adquirir una visión más clara de lo que son, lo que quieren, lo que las motiva, así también como lo que las inhibe o lo que les provoca temor. El "conócete a ti mismo", que es la base de toda reflexión y búsqueda existencial, se transformará en "conoce las partes que te componen, tus subpersonalidades, tus voces internas y tus distintos 'yoes'". Gracias a esto, podrás darte cuenta de las contradicciones que anidan en ti.

En realidad, solo la manera en la que las vemos nos induce a llamarlas contradicciones: veamos, por un lado, tu tendencia a sentirte sin ataduras, como si tuvieras un enorme anhelo de libertad y, al mismo tiempo, tu repetida necesidad de protegerte en el seno de tu familia. O de percatarte, por ejemplo, de que eres tan obsesivo en el trabajo que no se te escapa ni el más **mínimo detalle**, pero olvidas fechas de aniversario y en qué cajón guardas tus calcetines.

El paso siguiente será desdoblarnos en una instancia o especie de mirador interno desde el cual podemos intentar conocer esas partes. Un requisito indispensable será que ellas acepten ser conocidas. Veremos más adelante qué recursos son los que tenemos a mano para que nos entreguen su confianza.

La locución "pienso, luego existo" alude a esa propiedad de la conciencia humana que le da la posibilidad de reflexionar, de volver sobre sí misma para captar las partes que están de acuerdo en que las miren.

Como cabe esperar, no es una tarea sencilla la de ver, escuchar y comprender a las partes en conflicto, pero es posible. Esa es precisamente la función de los árbitros, de los mediadores, tanto en los deportes como en las relaciones internacionales y familiares. Sin ir más lejos, papá y mamá tendrán que cultivar esa cualidad apenas descubran a sus pequeños peleando por un juguete, o a sus hijos adolescentes discutiendo para ver quién se queda con el dormitorio más grande.

Un buen árbitro debe prestarle atención a las partes por igual y saber que cada una tiene su verdad y ambas merecen respeto. La neutralidad es una condición imprescindible, pues le permitirá tomar nota de las razones que estas señalan sobre su modo de actuar, sus deseos y temores. Así que debe mantener la mente abierta y no emitir juicios.

El próximo paso es mostrarle a ambas por igual lo que siente, piensa y dice la otra. Esta tarea es complicada porque cada parte involucrada tiende a juzgar y criticar lo que contradice sus propios intereses. No obstante, si el mediador mantiene firme su posición ecuánime y expone con claridad las diferencias y coincidencias, ambas podrán llegar a la conclusión de que cada una ofrece lo que le falta a la otra. Por esa sencilla razón no están obligadas a combatir, sino que, por el contrario, necesitan complementarse. De este modo ellas sumarán sus verdades parciales y se ayudarán a corregir mutuamente sus errores de omisión.

Un buen árbitro debe prestar atención a las partes por igual y saber que cada una tiene **su verdad** y ambas merecen respeto.

ME VUELVO UNO CONMIGO MISMO

¿Cuántas veces has dejado **en suspenso** una decisión? Y ha pasado un día, una semana, un mes, hasta que te sientes acorralado/a y debes seguir huyendo o afrontar las consecuencias, con un alto costo emocional.

Te propongo recorrer el camino que no solo te va a liberar de ese autoengaño repetido, sino que te dará datos valiosos para comprender quién eres, dónde te paras hoy en la vida y cuál es el germen de crecimiento que se manifiesta con cada acuerdo conquistado.

1. IDENTIFICA TUS PENSAMIENTOS

- Cuando dices "Lo voy a hacer mañana", ¿puedes distinguir si es lo que realmente corresponde? Por ejemplo: Hoy es martes y el médico atiende los viernes, entonces puedes sacar un turno mañana. De esa manera, estás usando un principio de organización para que no se te amontonen las tareas. ¿O adviertes que aparece en ti una traba interna? Recuerda algunos ejemplos de las últimas semanas, y trata de reconocer lo que postergaste por razones válidas y lo que no tiene una clara razón.

- En este último caso, si indagas en tu interior, ¿identificas alguna parte temerosa? ¿A qué te parece que le tiene miedo?

- ¿O aparece acaso alguna parte muy exigente? ¿Qué es lo que quiere que hagas y cómo?

2. ELIGE TUS PALABRAS

- Trata de crear un personaje interno, un amable mediador, que sea capaz de escuchar las razones de las dos partes en conflicto y otórgale la autoridad para que pueda ser objetivo, imparcial, paciente y comprensivo.

- Registra lo que dice una parte y lo que dice la otra. (Puedes escribir sus argumentos, si te resulta más fácil). Si te descubres tomando partido, ¿puedes volver a la mirada objetiva? ¿Qué te dices para lograrlo?

- ¿Comienzas a reconocer las razones de cada parte? ¿Sientes que te ganaste la confianza de ambas? Si es así, ¡felicitaciones, vas por buen camino!

- Intenta ahora hacerlas dialogar hasta que lleguen a un acuerdo. La prueba de que lo han hecho te dará la certeza de que, si bien las dos pierden algo, lo que han ganado resulta mucho más significativo. (Si consideramos el caso de Hilda, ella pierde la seguridad de lo conocido y la frecuencia cotidiana de los afectos y gana la ampliación de conciencia al expandirse en el mundo y la intensidad de los afectos en cada encuentro).

- ¿Puedes reconocer lo que perdiste y lo que ganaste? Si te sirve, haz una lista y tenla a mano para cuando lleves a la práctica esa conciliación.

3. PRACTICA TUS ACCIONES

Las acciones irán surgiendo como consecuencia de arribar al mejor acuerdo posible.

- ¿Has notado que, más de una vez, ese acuerdo parece borrarse, y hay que recordarles nuevamente a las partes lo que ganan y lo que pierden? Si es así, has comprendido que el trabajo de transformación requiere práctica paciente y sistemática, para afianzar los nuevos logros.

- Al seguir practicando, ¿te permites buscar nuevas maneras de corregir los errores de cada parte? ¿Identificas los nuevos recursos? ¿Cuáles son?

Tal vez haya necesidad de reforzar los primeros intentos en varios pasos sucesivos, en lugar de tomar una decisión única y concluyente; de ahí la característica de la paciencia que necesita tener el mediador. Esta cualidad, unida a la constancia de la práctica, hará que el mediador se instale definitivamente en tu conciencia y que esté disponible para acudir en cada situación en la que se lo necesite.

Señalamos que hay dos "yoes" autoritarios y centrados en ellos mismos, para luego llegar a uno solo, que es inclusivo y justo, producto de la integración. Uno de ellos quiere bajar de peso, porque tiene muchos kilos de más. El otro, en cambio, desea comer ese postre que se ve tan tentador. Con mi árbitro interno analizo las razones de una de las partes: "me preocupa mi salud y me quiero ver bien" y la otra lo comprende tan fácilmente que casi no hay necesidad de que haya un mediador. A continuación, el yo que desea el postre expresa "comer algo dulce calma mi ansiedad". El mediador interno le pedirá que analice el motivo de dicha ansiedad para que se lo comunique al yo que quiere perder kilos.

Es posible que la respuesta **sorprenda** a ambas partes: "Cuando termino de comer mi postre, me siento capaz de hacer lo que me propongo, sin miedos. Me siento confiado y apto". Y luego puede agregar: "Ni siquiera deseo perder kilos". La parte empeñada en hacer dieta se dará cuenta de que la persona entera necesita adquirir más confianza y seguridad. En tanto no descubra otra manera de actuar o de conseguir alternativas, la otra parte seguirá atiborrándose de dulces, en un vano intento por sentirse más competente. Así puede ocurrir este diálogo interno:

—Si me das seguridad, yo colaboraré contigo.

—Si tú colaboras, comenzando por comer la mitad de la porción, podré confiar más en ti.

—Entonces, permite que me capacite más y mejor.

—De acuerdo, hagámoslo.

La continua retroalimentación permitirá pasar de la pelea estéril a la conciencia de que por medio de la **colaboración** se puede llegar a un resultado mucho mejor. Así no necesito dejar para mañana lo que puedo hacer hoy. Voy completando mi tarea, ya que cada momento presente es valioso, mientras dejo abierto el espacio para el futuro.

Capítulo 9

EVADIR
RESPONSABILIDADES

◀◀◀◀

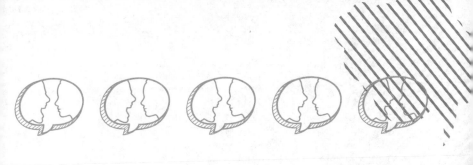

- ✖ **Los demás** no me entienden
- ✖ **La mala suerte** me persigue
- ✖ **Al jefe** no le caigo bien
- ✖ **La maestra** me tiene en la mira
- ✖ **La vida** está empecinada conmigo

LO QUE DIGO Y LO QUE ME DIGO CUANDO NO CUMPLO ALGUNA TAREA: "LOS OTROS TIENEN LA CULPA"

¡Inés está que arde! Su enojo le ha impedido tomar el desayuno, que se le ha atragantado a mitad de camino. Está tensa y preparada para dar la batalla. ¿¡Cómo es posible que hayan reprobado a su hijo en tres materias!? Ella es pura comprensión a la hora de reconocer que el adolescente necesita tener vida social. Entiende también que hacer deporte día por medio le resta tiempo para estudiar y piensa que el joven hace lo posible.

¡El problema está en los profesores: no saben enseñar, son demasiado exigentes, faltan mucho! Y siguen los reclamos: ¡son muy mayores (o demasiado jóvenes), están muy cansados, tienen a su hijo en la mira! La lista es interminable. El hecho de que su hijo le dedique a los estudios escaso tiempo, poco interés y una actitud de indiferencia no son factores relevantes para ella.

Luego de exponer sus reclamos frente al director de la escuela, quien la escucha con resignada atención, Inés vuelve a su hogar, en donde la espera un nuevo disgusto (¡que no será el último del día!). Insulta al encargado del edificio, quien se ha quejado al consejo de administración porque es la segunda vez que ella se va antes de que lleguen los plomeros encargados de buscar en su departamento una filtración que perjudica a sus vecinos de los pisos inferiores. Y, para completar el cuadro, le reclama a su marido que se olvidó de recordarle la reunión de esa noche y acusa a su hermana de no haber pagado la cuenta de una compra que hicieron juntas el mes anterior (aunque no le hubiera dado importancia a la filtración; aunque se hubiera olvidado de consultar la agenda, en donde estaba anotado el evento; aunque se hubiera comprometido a ocuparse del pago personalmente).

Al final del día, exhausta, le llama poderosamente la atención un comentario que hace su propia hermana, a propósito del último malentendido: "¿Es posible que tú no tengas nada que ver con lo que te sucede?". Y subraya "¿¡nada!?"

En ese preciso instante, luego de tanto tiempo de negación, esas palabras caen en suelo fértil.

La sospecha ya venía rondándole en forma subterránea. "Tal vez, algo…"

Cuando se anima a reconocer por primera vez que tiene alguna responsabilidad en lo que salió mal, siente un profundo dolor. En una primera instancia, atribuye ese dolor a la sensación de que se desdibuja su imagen de mujer perfecta, la que nunca se equivoca, a quien no le falta nada, la misma que se ganó el sobrenombre de "la estrella de la familia".

Recuerda que bajo ningún concepto y en ninguna circunstancia le era permitido mostrar debilidad o ignorancia. Su rol en una familia de adultos con una vida mediocre, sin muchas aspiraciones, era el de aquella que ha nacido para sobresalir. Esa personalidad incapaz de tener fallas era su tarjeta de presentación. Y los demás, que no habían podido o sabido cómo brillar con mérito propio, estaban orgullosos de la joya de la familia.

La segunda instancia de dolor se presentó poco después, cuando al reflexionar sobre sus actitudes de soberbia y sus reclamos permanentes a los demás, cayó en la cuenta de que, cuando ella negaba su participación activa y su responsabilidad en un episodio en el cual realmente había hecho algo para provocarlo, otra persona se veía obligada a asumirlas. Muchas veces, quien era víctima de una situación aparecía como el culpable. Ella se desligaba de la responsabilidad, como si fuera una papa caliente, y otros resultaban quemados.

"¡Pero si esto lo he hecho desde que tengo uso de memoria!"– exclama, como si todavía no pudiera creer lo que ha pasado en su vida, ver cómo ha transcurrido su tormentoso día a día, reconocer que esa actitud es la que ha generado ese resultado.

Siente que ha llegado el momento de reconocer cuánto le pesa la culpa de haber depositado injustamente en otros lo que era exclusivamente suyo. Sabe que el paso siguiente es el de reparar la falta, que a su vez se materializa en el acto de pedir disculpas. Cuando una persona pide disculpas con humildad, reconociendo su error, sucede algo maravilloso. Como en un acto de magia, la culpa desaparece. Ya ha cumplido su función y no tiene razón para permanecer. Decimos entonces que algo roto ha vuelto a quedar unido. Inés no tardará en comprobarlo.

Inés toma impulso y se anima a disculparse con el encargado. Encuentra un recibimiento comprensivo que le aliviana el corazón.

Sigue con su tarea de reconocer sus omisiones y repararlas. Y van desfilando las personas de su entorno cercano que reaccionan con asombro primero y luego con una amable disposición que ayuda a que se restaure el vínculo amoroso. Inés logra salir de la falsa creencia en su supuesta perfección así como en la incapacidad de los demás. Y se conecta con su humanidad y se abre a una sintonía genuina con los otros.

En la medida en la que tome de vuelta las viejas proyecciones, ya no tendrá que pedir disculpas, ni presentar una apariencia ficticia. Más importante aún, se irá amigando con una realidad sobre la que podrá transformar.

Cuando comentamos: "El jefe hizo un gesto cuando me vio pasar, seguro que está enojado conmigo", o "¡Tantos hombres amables y justo a mí me toca un marido intolerante!", creemos que siempre hay algo o alguien que conspira para amargarnos la vida.

Damos por supuesto que no tenemos nada que ver con ese "algo" y que las situaciones no dependen en absoluto de nuestra voluntad. Nos sentimos perseguidos por la mala suerte y, por lo tanto, nos creemos impotentes y sin recursos para cambiar lo que nos pasa.

La mejor defensa es un buen ataque

En todos los casos anteriores, la persona pone la responsabilidad en el otro, solo que no la llama de ese modo, sino que la señala como culpa, "los demás tienen la culpa".

Con este accionar, traslado mi propia falta en alguien más, mediante un mecanismo psicológico conocido como proyección. Lo que no acepto ni reconozco en mí, **lo proyecto** en el otro. Es como si me sacara las prendas de vestir y considerara al semejante como un maniquí. Solo necesito vestirlo con mi ropa. De esa manera, es su imagen la que aparece en primer plano mientras yo me oculto en las sombras. Este revestir a alguien con lo que yo niego tener o hacer me sirve, por ejemplo, para no enfrentar mis errores. La gran trampa que tendré que reconocer más adelante, cuando decida enfrentar la tarea de transformación, es que si creo que no me equivoco, no intentaré corregir nada, simplemente, porque creo que no hay nada que corregir. Como dice Ronald Laing, un eminente psiquiatra inglés, "Si no sé que no sé, creo que sé".

Otro aspecto de la proyección es que creemos obtener un beneficio al librarnos de la temida reprimenda. Si me reprochan algo, que se traslade automáticamente al otro.

Mientras el otro se defina como el culpable, yo podré seguir considerándome inocente.

Es posible que en algunas oportunidades, yo no sea realmente responsable y sea otro quien ha cometido el error. Pero si me he acostumbrado a tener la excusa siempre a flor de piel y disponible indiscriminadamente y en cualquier momento, puede pasarme aquello de la famosa fábula del pastor mentiroso, el que gritaba "¡lobo!", cuando no había ningún peligro a la vista, riéndose de la ingenuidad de los demás, hasta que un día vino realmente el lobo ¡y se comió todas las ovejas!

Tantas veces grité "¡soy inocente, el culpable es otro!" que esta vez, que en verdad no tuve nada que ver, la culpa cayó sobre mí.

También me sigo engañando cuando creo que así evito afrontar las consecuencias derivadas de mis acciones y decisiones. "Dije algo ofensivo, que le cayó mal, pero ¡qué quieres!, es que me provocó tanto que logró sacarme de las casillas".

O bien me convenzo de que lo sucedido es producto de la mala fortuna o de la mala voluntad de otras personas: "Si viviera en el campo, en vez de en la ciudad, esto no me pasaría", "Como me están criticando siempre, no puedo hacer las cosas bien", "Yo soy una persona muy serena, pero me ponen nervioso y me descontrolo".

La excusa tranquiliza, pero solo por un momento, y como necesitamos reforzar su

Traslado mi propia falta en **alguien más.**

efecto, nada mejor que transformar al otro en villano. De esta manera, la defensa se convierte en acusación. Sabemos que la imaginación no tiene límites y por eso basta un gesto, una mirada o una palabra para conseguir que el ofendido aparezca como el culpable: "Me miró con desprecio", "Se encogió de hombros", "Cuando dijo quizá, en realidad quiso decir que no", "¿Cómo voy a tener éxito si me envidian y me ponen palos en la rueda?".

¿Ser o aparentar?

Esta compulsión a desligarse de cualquier responsabilidad revela una enorme dependencia a la imagen que se debe mostrar al mundo. La persona cree ser perfecta y, por lo tanto, no tiene margen para equivocarse, porque todo lo hace bien. La consecuencia de lo anterior es que aparentar se vuelve más importante que ser.

El entorno familiar le ha enseñado a la persona a mostrar siempre su mejor rostro y a ocultar cualquier detalle que pudiera delatar su verdadera condición, ya sea económica, social o intelectual. Muchas de las frases que escucha mientras crece, tales como "nuestra casa no está a la altura de lo que somos; mejor ve a la casa de tus compañeros a estudiar", "nunca

La verdadera autoestima se apoya en lo que uno hace dentro de sus posibilidades, con una buena utilización de **sus recursos**.

reconozcas que no sabes algo, di lo primero que se te ocurra", calan hondo y hacen que sea cada vez más fácil ocultarse detrás de una imagen. Amparada en ella, la persona distorsiona su realidad interna y la del mundo circundante.

A la larga, estas condiciones no permiten que se desarrolle una identidad madura, indispensable para comprometerse con la vida. Para dar ese paso, hay que cultivar una cualidad fundamental que ha estado ausente: la confianza.

Tener confianza en uno mismo equivale a tener una buena autoestima, que justamente está en el extremo opuesto de la vanagloria. No se trata de ser más o mejor para sentirse bien con uno mismo, por el contrario, la verdadera autoestima se apoya en lo que uno hace dentro de sus posibilidades, con una buena utilización de sus recursos.

Para tener una **noción real** de sí mismos, los niños necesitan que se reconozcan sus pequeños-grandes logros. La respuesta saludable del adulto a la conducta del menor será premiar el acierto y corregir el error, sin exageraciones. Es tan importante lo uno como lo otro, ya que si cada logro se festeja como si fuera una hazaña, se instalará la compulsión de ganar a cualquier costo; mientras que penalizar excesivamente el error conducirá al miedo y a la inacción.

Desarmando la excusa: fortalecer la autoestima

La tarea principal para dejar de responsabilizar a los otros de mis propios actos consiste en restablecer la confianza tanto en mí como en los demás.

Una vez que reconozco mi tendencia a poner la responsabilidad afuera de mí, entonces realizo un primer esfuerzo para dirigir la mirada a mi interior. Puedo preguntarme si hay algo que hice o dejé de hacer para que ocurriera una situación incómoda o dolorosa, como dejar trabajos inconclusos, descuidar o sobreexigir en una relación. Puedo quejarme de que una amiga no responda a mis invitaciones reiteradas y se esté alejando. Me detengo a analizar lo que pasa en mi mundo interior y compruebo que estoy demasiado **pendiente y dependiente**, tal como lo hacía durante mucho tiempo en la relación con mi madre...

En el instante mismo en el que reconozco mi participación en los hechos, la posibilidad de cambiar queda en mis manos. En este último caso, haré un ejercicio de discernimiento, mirándome a mí misma como una adulta independiente y a mi amiga como alguien que tiene sus motivaciones personales que la llevan a no coincidir en ese momento conmigo. Al aflojar la tensión y la angustia, la relación se reubica.

Cuando termino mis trabajos pendientes o le presto más atención a la persona que descuidé, no solo sentiré una gran satisfacción, sino que veré fortalecida la confianza en mí.

En este tramo del camino te sugerimos que busques relacionarte con personas de buena voluntad y dispuestas a darte un voto de confianza. De este modo, poco a poco lograrás corregir las insuficiencias de los modelos que aprendiste con tus padres, los cuales propiciaron tu sentimiento de minusvalía, al señalarte que no mostraras tus fallas o que aparentaras lo que no eres.

Cada vez que alguien diga que confía en ti porque puedes hacer las cosas, tu autoestima se fortalecerá; al mismo tiempo, cada vez que respondas a la confianza que el otro puso en ti y cumplas con lo prometido, conseguirás lo que tiempo atrás te resultaba imposible y tu seguridad crecerá.

Así, paso a paso, podrás sentirte orgulloso de decir: "lo hice, sí pude, ¡lo logré!".

Conseguirás lo que tiempo atrás te resultaba imposible y **tu confianza crecerá.**

CUANDO ME HAGO RESPONSABLE, MI VIDA SE ILUMINA

Si has armado tu vida alrededor del "yo no fui, fue el otro: los demás; las autoridades; el país; el mundo; el universo…" y te dispones a tomar la parte que te corresponde, como lo hizo Inés, te auguramos el gozoso encuentro con **una vida mejor**. Te proponemos los pasos siguientes:

1. IDENTIFICA TUS PENSAMIENTOS

- Cuando culpo a alguien por una situación que me afecta, ¿pienso que no tengo nada que ver? ¿Puedo pasar de la primera mirada a preguntarme si no habrá algo con lo cual pude haber contribuido a que pasara? ¿Qué descubro?

- ¿Puedo reconocer lo que siento cuando reconozco esa instancia? ¿Vergüenza, temor, culpa o alguna otra emoción? En ese caso, ¿cuál?

2. ELIGE TUS PALABRAS

- Si lo que sientes remite a sucesos del pasado, ¿crees que todavía son válidos esos sentimientos? Puedes haber sentido vergüenza, miedo o culpa. (Me da vergüenza mostrar mi casa; me da miedo que me castiguen; me siento culpable porque decepcioné a mis padres).

- Desde la persona que eres hoy, ¿qué le dirías a la niña o niño que sintió con tanta fuerza esas emociones?

- ¿Qué crees que podría pasar ahora si admites tu responsabilidad?

- Ensaya decirlo en voz alta. ¿Sientes que te has sacado un peso de encima? Sigue intentando hasta encontrar las palabras que fluyan con más facilidad.

3. PRACTICA TUS ACCIONES

- Apenas te des cuenta de que has dejado de cumplir un compromiso, has dado un paso en falso, o te has equivocado al evaluar una situación como por ejemplo, llegar tarde, te proponemos practicar la siguiente secuencia:

- Trata de detenerte cuando, por inercia, comienzas a culpar a algo o a alguien. Sin desestimar la responsabilidad del otro, busca hasta encontrar lo que te corresponde a ti.

- Si te parece adecuado, intenta pedir disculpas. Haz lo que esté a tu alcance para reparar la falta.

- Toma nota de cómo te sientes.

No necesitas dramatizar en estos últimos pasos. Una sincera disculpa revela humildad, inteligencia y buena voluntad, y brinda alivio y alegría a quien la ofrece.

NO NECESITO LA EXCUSA

Una vez puestos los cimientos de la autoestima, puedo darle un significado distinto y un nuevo valor a la equivocación. Ahora descubro que todos los seres humanos son falibles y que el error existe para despejar el camino hacia la verdad. En adelante, recojo experiencias que me demuestran, contrario a lo que siempre creí, que los errores se pueden reparar.

Como empleado, puedo lamentar haber llegado tarde luego de varias semanas de cumplir con mi horario y decir: "En verdad salí un poco más tarde de mi casa, pido mil disculpas y me comprometo a llegar puntualmente".

En cuanto al asunto de las **comparaciones**, es posible que ya sea momento de sincerarme e invitar a mis amigos a casa. Para hacerlo, es mejor que haga a un lado las pretensiones y les ofrezca lo que está a mi alcance, evitando la tentación de compararme con quien tiene una casa más grande, una despensa mejor surtida o una mejor posición social. Cuando mis amigos respondan con **afecto y agradecimiento** a la invitación, me daré cuenta de que lo único que necesito es mostrarme tal como soy.

Como estudiante, puedo reconocer que me equivoqué en un tema del examen y no obtuve una calificación alta. Pero de todas maneras aprobé, así que me propongo revisar ese tema, porque quiero aprender. Busco dedicarle más tiempo al estudio y concentrarme más en mi tarea, en lugar de ocuparme por las calificaciones ajenas. Es agradable ver que mi esfuerzo tiene recompensa y, sin esperarlo, mis compañeros me admiran y mis maestros me respetan.

¡Ahora puedo mirar al futuro con esperanza!

EPÍLOGO

▶▶▶▶

Llegamos al final de este recorrido. Sabemos que el campo de las excusas es interminable, pero hemos buscado revisar las más habituales.

Tenemos la costumbre de excusarnos por asuntos serios y también por nimiedades. En todos los casos, los pretextos nos ofrecen una coartada o una especie de escape para intentar demostrar que no somos tal como nos ve quien recibe la excusa. Como no podemos admitir que somos desordenados, irresponsables o incapaces, echamos mano de argumentos como "no tengo tiempo", "la culpa es de los otros" o "soy muy torpe". A final de cuentas, todo el tiempo tratamos de convencer a los demás de que no somos lo que ellos creen. Suponemos que engañamos, pero terminamos engañándonos a nosotros mismos. Por

eso, el propósito de este libro ha sido quitar el velo del engaño para llegar a la verdad de lo que cada uno es.

Como hemos visto, para acceder a la verdad tenemos que atravesar una serie de factores históricos, familiares, sociales y emocionales que distorsionan nuestra identidad. Debemos reconocer que este viaje exige valentía y confianza; la primera para salir del automatismo y animarnos a descubrir lo que hay detrás de la excusa, y la segunda para sostenernos en este cambio progresivo en nuestro estilo de vida.

En el proceso de desarmar la excusa es posible que lleguemos a una situación similar a la del caballo de carreras, cuando sus cuatro patas están en el aire; las traseras se despegan del suelo mientras las delanteras no llegan todavía a tocarlo. Por medio de fotos podemos ver esta escena con toda claridad. En cierto sentido, los cambios que vamos a emprender nos dejan también en un estado de suspenso. En nuestro intento por descubrir la verdad, ese instante de vértigo se presenta cuando estamos absolutamente convencidos de que las viejas ideas, creencias y actitudes han dejado de servirnos y las reemplazamos por una acción nueva, por ejemplo, decido escribir una lista con las actividades del día, en lugar de improvisar sobre la marcha, como hacía habitualmente. La primera

vez que tomamos una decisión que no tiene precedentes, intuimos que vamos por buen camino, aunque de hecho no tengamos ninguna garantía del destino al que nos llevará. Quedamos suspendidos en una transición.

Para seguir adelante es necesaria una cuota de confianza que, como vimos en todos los casos, aumenta en la medida que reiteramos la nueva conducta. Al llegar a esta estación del camino puede ser conveniente apoyarnos en tres herramientas de la sabiduría de Oriente*, que nos proveen de un valor psicológico inestimable. En español, estas herramientas las podemos caracterizar como las tres D: discernimiento, desapego y disciplina. Cada una sostiene y refuerza a la otra. Cuando las empleamos, se genera un circuito de retroalimentación que convierte lo difícil en fácil y nos proporciona todo lo necesario para llegar a la meta.

Definamos cada herramienta. El discernimiento es la capacidad de separar la ilusión de la realidad, de diferenciar el engaño de la verdad. Proviene de la misma raíz que cernir, que es la operación por medio de la cual separamos lo descartable de lo útil, como los riñones de nuestro cuerpo, que filtran la sangre y separan los nutrientes de los productos

---

* I.K. Taimni. *La ciencia de la Yoga. Un comentario a los Yoga-Sutras de Patanjali a la luz del pensamiento moderno.* 1983. Buenos Aires. Federación Teosófica Interamericana.

que deben desecharse. Usamos el discernimiento cuando analizamos lo que está detrás de la excusa, y también lo ponemos en marcha en cada proceso de elección y ensayo de las nuevas actitudes.

"Toda mi vida me he sentido inferior a los demás. Cuando uso el discernimiento descubro que, por un lado, soy más paciente que la mayoría de mis amigos y que me gusta conciliar; y por otra parte, que me falta aprender algunas cosas, por ejemplo, a defenderme de las agresiones gratuitas. El discernimiento me aclara que soy como todos los seres humanos, con fortalezas y debilidades y, más importante aún, que siempre estoy a tiempo para aprender".

La segunda herramienta es el desapego, que es la capacidad de desprendernos de lo que no nos sirve. En la vida cotidiana, vemos con claridad que al separar las impurezas de la harina, tenemos que eliminarlas o reciclarlas para otros usos. En el terreno psicológico, este mismo proceso presenta dificultades. Cuando deseamos desprendernos de ciertas emociones, parecería que estas buscan adherirse aún más. Sin ir más lejos, ¿qué son las adicciones, sino apegos patológicos? El desapego, por otro lado, significa soltar el control, dejar ir, liberarse, abrir las manos.

"Decido desapegarme del 'placer' agridulce de sentirme víctima. Cuando me descubro curvando la boca en el gesto

de la tragedia y teniendo una sensación acuosa en mis ojos, recuerdo mi propósito de soltar esta actitud que tanto me daña. Me enderezo, despejo mi mirada, respiro hondo y le propongo a mis labios que ensayen una semisonrisa, aunque no sienta alegría. Percibo que me aliviano y que me desprendo de una pesadísima carga. Al rato, estoy sonriendo de verdad".

La operación no siempre es tan sencilla, por lo que deberá entrar en juego la disciplina, que ayudará a desapegarse de lo que el discernimiento señaló como nocivo. La disciplina de la que hablamos tiene una calidad especial y, por lo tanto, necesita cumplir ciertas condiciones. De entrada, hay que definirla como una actividad que debe ser ejercitada por largo tiempo, sin interrupciones, con respeto y seria devoción, sin que falte ninguno de estos atributos. De sobra sabemos que la práctica cotidiana es fundamental para lograr un objetivo determinado y lo saben también quienes emprenden cualquier tipo de proyecto.

Al hablar de tiempo nos referimos al necesario, ni más ni menos, para cada proceso. Que no tenga interrupciones implica que no se abandonará a la primera dificultad. El respeto y la seria devoción la diferencian de la práctica rutinaria y mecánica en la que caen muchas

personas, quienes no se dan cuenta de que lo que se hace a disgusto no suele dar buenos frutos.

"Como mi tendencia me lleva a desvalorizarme, me propongo comenzar por reconocerme un mérito todos los días. Resisto la tentación de decir que no encontré nada que valiera la pena y busco hasta descubrir ese pensamiento, ese gesto, o un buen deseo, o una palabra que considere positiva. Me doy cuenta de que para salir de la inercia no hace falta conseguir un lingote de oro, sino que resultará más fructífero juntar monedita tras monedita hasta que el nuevo hábito de encontrar mi valor en lo pequeño y cotidiano me recompense con el tesoro de la buena autoestima".

El proyecto que buscamos proponerte con este libro es para sigas ampliando tu conciencia, para que descubras nuevas verdades, alimentes nuevos pensamientos y abandones viejos hábitos, una y otra vez, hasta que tus propias certezas maduren y puedas afirmar, con toda convicción: ¡ya no necesito la excusa!

¡TU OPINIÓN ES IMPORTANTE!

Escríbenos un e-mail a **miopinion@vreditoras.com** con el título de este libro en el "Asunto".

CONÓCENOS MEJOR EN:

www.vreditoras.com

 Facebook.com/vreditoras